追求卓越：东北育才学校特长学科的育才之路

高琛 主编

Strive for excellence
The path to the development of specialized course and students in Northeast Yucai Middle School

辽宁人民出版社

图书在版编目（CIP）数据

追求卓越：东北育才学校特长学科的育才之路 / 高琛主编. —沈阳：辽宁人民出版社，2019.7
ISBN 978-7-205-09667-0

Ⅰ. ①追… Ⅱ. ①高… Ⅲ. ①中学—学科建设—概况—沈阳 Ⅳ. ①G632.3

中国版本图书馆CIP数据核字（2019）第140676号

出版发行：辽宁人民出版社
地址：沈阳市和平区十一纬路25号 邮编：110003
电话：024-23284321（邮 购） 024-23284324（发行部）
传真：024-23284191（发行部） 024-23284304（办公室）
http://www.lnpph.com.cn
印 刷：鞍山新民进电脑印刷有限公司
幅面尺寸：170mm×240mm
印 张：13.25
字 数：204千字
出版时间：2019年7月第1版
印刷时间：2019年7月第1次印刷
责任编辑：刘铁丹
装帧设计：丁末末
责任校对：赵 跃
书 号：ISBN 978-7-205-09667-0

定 价：45.00元

编 委 会

前言

PREFACE

育才的“追求卓越”绝不是指谁比谁更加优越，而是指无论在怎样的困难条件下都能够各尽所能地追求最高境界。

——高琛《东北育才为每个孩子准备好未来》

东北育才学校特长教育实验建立和发展已经走过了30年的光阴。这30年，是传承东北育才红色基因，续写马背上学校新的传奇的30年；这30年，是伫立改革潮头，解放思想，迎难而上的30年；这30年，是领航基础教育，承担社会责任的30年。这30年，可谓大浪淘沙，跌宕起伏。“追求卓越”的精神贯穿于整个特长教育实验的探索与实践的全过程，它是育才的创造源泉和精神内核，价值取向和文化根基。

追求卓越的特长教育走过不平凡的历程，谱写了不平凡的华章。20世纪80年代末90年代初，中国处在了改革开放的历史节点，东北育才学校响应邓小平同志“教育要面向现代化、面向世界、面向未来”的教育改革号召，高举“优才教育”大旗，立足人才培养的时代要求和国家发展整体战略基础，结合实际开始了特长教育实验探索与实践。

关注学有余力的教育群体，采用“单科强化，能力迁移”模式，即通过数学、外语(英语、日语)单科独进，使之能力迁移，促进其他学科学习，使学有余力的学生在中学阶段全面打好各种基础的前提下，在某一工具学科方面形成一种特殊优势，并在这一学科优势的带动下，思想、能力、方法等方面得到全面的训练和提高。1989年，学校第一个数学特长实验班开始招生，踏上了特长教育实验的征程。1992年，学校开始面向全市小学毕业生招收两个外语（英语、日语）强化实验班。数学特长教育使学生在数学知识、数学思维品质、数学素养等方面都能获得深度发展；外语特长班在高中毕业时，英语能达到大学英语4—6级水平，日语能达到日本国一级水平，能满足国外留学生活的需要。1993年学校被沈阳市教育局正式批准为全面进行优才教育的实验学校。特长教育实验模式成为育才优才教育的核心特色之一。

作为优才教育的重要模式之一，特长教育实验充分关注更宽泛的教育群体，注重挖掘其潜能，培养其特长，张扬其个性，为每个学生成为优才提供条件和机会，做到各展才华，实现真正意义上的因材施教。

从无到有，从有到强，东北育才学校特长教育本身也积累了丰富的办学经验，形成了值得固化下来和推广开来的追求卓越的育才文化。尤其近10年，从强到大，从大到优，积极落实东北育才集团提出的“金牌振兴计划”，把目光放在国际级的竞赛金牌上。在从育才走向国际学科大赛和科技创新大赛舞台的学生中数学特长生占到了大多数。自2009年以来，先后10余名学生入选数学、物理、化学、信息学4个学科奥林匹克国家集训队。2013年东北育才学校成功承办了第28届全国中学生数学冬令营。外语特长教育注重为学生成长搭建国际平台。学校主动融合中西方教育优势，与世界14所英才教育学校建立起了友好校关系；同时开发了“中国学生走出去，外国学生进得来”的短期交流、深度研学项目，形成了促进语言能力提升、增强跨文化沟通能力的长效机制。此外学校完成了《国家课程校本化纲要》《校本课程开发纲要》《学生活动课程化纲要》，对特长教育部分内容进行了及时的梳理和总结，固化了特长教育实验丰富的经验，对辽宁教育乃至全国教育起到了辐射引领的作用。特长教育实验以“追求卓越”为精神核心，全面进入内涵发展的新时期，提升发展品位的文化建设新阶段。

习近平曾指出："教育兴则国家兴，教育强则国家强。高等教育是一个国家发展水平和发展潜力的重要标志。今天，党和国家事业发展对高等教育的需要，对科学知识和优秀人才的需要，比以往任何时候都更为迫切。"在教育均衡发展的背景下，关注个性，助推拔尖创新人才培养的特长教育仍然是时代的需要，是民族复兴大业的需要。《国家中长期教育改革和发展规划纲要（2010—2020年）》指出，"推进培养模式多样化，满足不同潜质学生的发展需要，探索发现和培养创新人才的途径，鼓励普通高中办出特色，支持普通高中学校建立特色化课程体系"。特长教育实验在新时期发挥着辐射引领作用，承担着为国造才的光荣使命。

回溯特长教育30年，本书将呈现"全人"的教育——学校、家庭、社会三位一体的360度育人体系；介绍"优才"的经验——关注特长，扬长特长的课程体系；讲述特长教育的故事——老师、家长、学生那些人，那些事；分享优才教育的斐然成绩。

过去的30年是如此的不平凡，特别是对于中国的教育、东北育才学校的发展来说。它承载了时代的光荣与梦想，它激励着追求卓越的育才人坚定不移地筑梦、追梦、圆梦！

谨以此献给东北育才校庆70年！

目录

CONTENTS

/第一章/

全人教育成就优才

放眼国际，全人教育论专家小原国芳在《全人教育论》一书中说："全人教育就是完全人格、和谐人格的教育。"他非常赞扬裴斯泰洛齐的话："（现在）有造句作文的学校，有习字书法的学校……就是没有育人的学校。"他认为在现实的教育中，那种为入学考试的教育，死记硬背的教育，填鸭注入的教育，补习学校的教育等，都是破坏真正人的教育。

聚焦国内，党的十八大指出："要坚持教育优先发展，全面贯彻党的教育方针，坚持教育为社会主义现代化建设服务、为人民服务，把立德树人作为教育的根本任务，培养德智体美全面发展的社会主义建设者和接班人。"《国家中长期教育改革和发展规划纲要（2010—2020）》："树立科学的质量观，把促进人的全面发展、适应社会需要作为衡量教育质量的根本标准"。

东北育才学校特长学科的建设和发展始终遵循教育规律和人才成长规律。我们深知，成才更需成人。高琛校长作为人大代表在两会期间接受采访时指出："青少年作为国家的未来和民族的希望，树立正确的人生观、价值观、世界观至关重要。落实到具体的学校德育工作中，要从人性的角度加强核心价值观建设，培养学生"拥有为中华之崛起而读书的理想信念，拥有报效祖国的赤子情怀，拥有让生命之花绽放的幸福人生"。作为基础教育学校，扎实推进社会主义核心价值观教育，帮助青少年扣好人生第一粒扣子，责无旁贷。

我们重视在"全人教育"基础上，全面落实中国学生发展核心素养，全面融入社会主义核心价值观，培育优才。摒弃社会上"唯分数 "的观念，突破"唯升学"的教育格局，规避应试教育带来的急功近利的后果，让知识教育走向培育"全人"的教育，真正实现从应试教育向素质教育的转变，探索学校、家庭、社会三位一体的教育新模式，全力打造学生的未来，开启中国基础教育的未来。

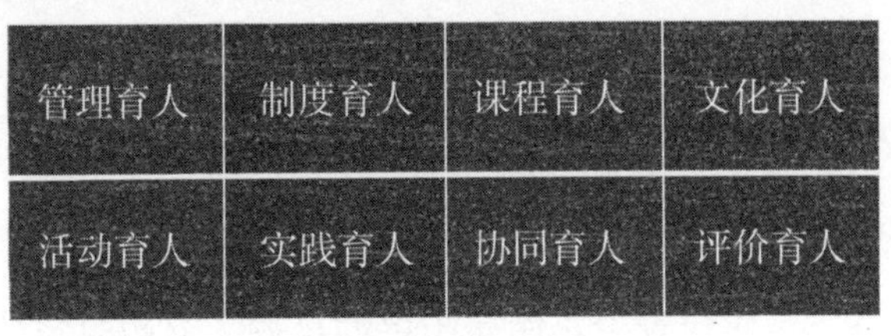

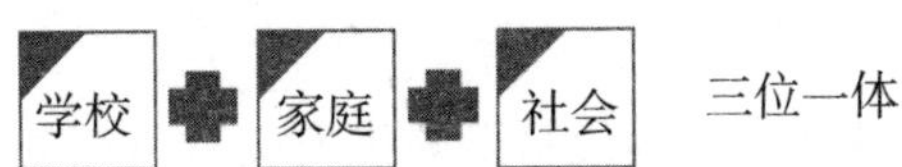

/第一节/

传承红色基因　奠基学生人生

“中华民族从站起来富起来到强起来，是一个不断创造奇迹的过程，不仅要让后代牢记，我们自己也不能迷失。数理化之外，爱国主义教育要加强，要让孩子们知道自己是从哪里来的，红色基因是要验证的。”“从娃娃抓起，既注重知识灌输，又加强情感培育，使红色基因渗进血液、浸入心扉，引导广大青少年树立正确的世界观、人生观、价值观”。落实立德树人的根本任务，做勇于担当的育才人。习近平总书记在许多场合对红色基因的论述，阐述了红色基因的深刻内涵和传承红色基因的重要意义。

一、用好红色基地　弘扬总理精神

东北育才学校是1949年由张闻天、徐特立等老一辈无产阶级革命家创建的一所具有光荣革命传统的学校，当时学校把培养具有革命精神、文化水平以及健康身心的国家栋梁作为培养目标。这里也是周恩来总理少年读书的地方，少年周恩来留下了“为中华之崛起而读书”的铮铮誓言。

红色的历史是东北育才的骄傲和深厚的教育资源。“把红色资源利用好、把红色传统发扬好、把红色基因传承好”是特长教育义不容辞的责任。弘扬总理精神，承袭总理理想信念，每一级的特长学科新生入学，都会首先参观周恩来少年读书旧址纪念馆。同学们了解了周总理的生平事迹，触摸了总理学习的书桌，一代代青少年循着历史的足迹，穿越时空的阻隔，感受总理少年时期发出的时代最强音。

同时，初中部将总理少年时代写下的优秀文章《东关模范学校第二周年纪念感言》镌刻在巨大的石头上，放置在国旗台旁。每一次升旗仪式，每一次早会，学生们都会面对这块刻有总理理想和信念的巨石，崇敬之心油然而生，一代伟人周恩来报效祖国的远大志向，朝气蓬勃的精神风貌，自强不息的意志品格，甘于奉献的思想境界深深地感染着每一名学子。

附：周恩来《东关模范学校第二周年纪念感言》（节选）

吾人何人，非即负将来国家责任之国民耶？此地何地，非即造就吾完全国民之学校耶？圣贤书籍，各种科学，何为为吾深究而悉讨？师之口讲指画，友之朝观夕摩，何为为吾相切而相劘？非即欲吾受完全教育，成伟大人物，克负乎国家将来艰巨之责任耶？以将来如许之重负，基础于小学校三四年中，同学，同学，宜如何奋勉，始对之而不愧哉！一物不知，学者之耻。同学其博学乎？好问则裕，自用则小。同学其审问乎？思之思之，鬼神通之；差以毫厘，谬之千里。同学其慎思而明辨乎？学矣，问矣，思辨矣，而犹或浅尝辄止，见异思迁，躐等以求进，自是而非人焉。吾恐同学之智识亦无由新，道德亦无由固，而欲丛人才、蔚国器，难矣。如是，则书不将虚此读，业不将虚此习，师不将虚此教诲，友不将虚此切磋，吾模范学校不将虚此造就，而两周年之光阴不又将虚此度过也哉！惟望吾全校诸同学惕然自警而已矣！

特长教育的德育课程总体建设方面牢牢抓住“立德树人”这一深化教育领域综合改革之魂，始终秉持“育人为本，德育为先”的教育理念，在目标的确定上，始终强调人性回归，关注学生真实成长的德育价值追求，为提升学生思想道德素养“量体裁衣”，始终强调社会主义核心价值观建设。

二、成立周恩来班　承袭总理风范

为更好地激励广大学子，为更好地推动未成年人思想道德建设，东北育才学校把周恩来少年读书时的“为中华之崛起而读书”这句伟大誓言作为励志校训。特长教育充分开发这一红色资源，响应集团号召，成立“周恩来班”。持续开展内容丰富、形式多样的教育活动。创新活动载体，深挖活动内涵，将其作为“立德树人”励志课程最具标志性的元素之一，将总理精神内化为育才特长教育的灵魂。这一举措使特长学子在伟大的校友周恩来身上得到了无穷的精神力量，获得了健康和谐发展。一大批品学兼优的拔尖创新人才脱颖而出。

东北育才学校“周恩来班”评选参考标准

“周恩来班”创建评选工作核心应紧密结合我校育人目标，围绕“恩来精神”的学习传播、班风学风建设、公益活动开展等情况进行考查。具体评选应由学部内部结合实际拟定标准。

项目	标准内容	标准解释	考核方法
基本要求	1. 组织健全，班级有创建计划和小结。	班级委员会和团支部共同拟订创建计划，并向全班进行布置，人人知晓、参与。	查看资料

续表

项目	标准内容	标准解释	考核方法
基本要求	2. 学生有阶段性学周目标。	每个学生都有切合自己实际的个人学习成长目标。	查看资料
	3. 班风、学风和班级整体发展具有示范性。	有明确的班风、学风；班风、学风和学生的言行举止受到全校师生一致好评。	查看资料 观看现场 个别访谈 问卷调查
	4. 学生模范遵守校规校纪，有带头践行社会主义核心价值观的实际行动。	学生无违纪行为；班级在学校常规评比检查中表现突出；学生有特色价值观活动。	查看资料
	5. 班级在学生全面发展方面涌现出一批优秀典型，班级学生学业成绩总体水平在同类班级中名列前茅。	考查学生荣誉情况和班级成绩情况。	查看资料
	6. 班级文化体现“为中华之崛起而读书”氛围，有教育意义。	考查班级文化宣传情况。	查看资料 观看现场
	7. 召开专题班、团会不少于1次。	围绕创建活动开展形式多样、内容丰富的主题活动。	查看资料
	8. 参观总理纪念馆等基地不少于1次。		查看资料
	9. 观看周恩来主题影片、纪录片等不少于1次。		查看资料
	10. 开展主题读书宣讲活动等不少于2次。		查看资料
	11. 班主任在“周恩来班”创建方面经验性材料1篇以上。	论文、教育纪实和心得体会要结合班级实际。	查看资料
	12. 学生开展、参与社会实践、公益活动成果突出。	活动纪实材料、证明材料。	查看资料
	13. 创建活动的文字图片资料齐全。	创建资料有据可查，图文并茂。	查看资料

续表

<table>
<tr><th>项目</th><th>标准内容</th><th>标准解释</th><th>考核方法</th></tr>
<tr><td rowspan="2">加分项目</td><td>1. 创建活动在某一方面形成特色。</td><td>有明显特色。</td><td>查看资料</td></tr>
<tr><td>2. 师生获市级以上表彰。</td><td>班级师生获市、省、国家级德育表彰。</td><td>查看资料</td></tr>
<tr><td>一票否决项目</td><td colspan="3">1. 争创班级发生重大安全事故；
2. 争创班级有师生受到学校处分；
3. 争创班级有师生违法犯罪。</td></tr>
</table>

特长德育课程总体建设方面牢牢抓住“立德树人”这一深化教育领域综合改革之魂，始终秉持“育人为本，德育为先”的教育理念，在目标的确定上，始终强调人性回归，关注学生真实成长的德育价值追求，为提升学生思想道德素养“量体裁衣”，始终强调社会主义核心价值观建设，培养学生“拥有为中华之崛起而读书的理想信念，拥有报效祖国的赤子情怀，拥有让生命之花绽放的幸福人生”。

三、勇于担当　承担社会责任

中国学生核心素养中的责任担当体现在社会责任方面应该有如下方面：自尊自律，文明礼貌，诚信友善，宽和待人；孝亲敬长，有感恩之心；热心公益和志愿服务，敬业奉献，具有团队意识和互助精神；能主动作为，履职尽责，对自我和他人负责；能明辨是非，具有规则与法治意识，积极履行公民义务，理性行使公民权利；崇尚自由平等，能维护社会公平正义；热爱并尊重自然，具有绿色生活方式和可持续发展理念及具体行动等。

2018年，沈阳市全面启动创建国家卫生城市、国家健康城市、国家食品安全示范城市“三城联创”工作。作为创城重点单位，东北育才使命在肩。

为了调动学生的主人翁责任感，使之积极参与到家乡的建设中来，特长教育积极开展“参与弯腰行动，共创美丽育才园”的爱校活动。

每周周三的十二点三十分，各班同学自觉地来到班级负责的卫生分担区，或拿起抹布、拖布清理教室走廊的卫生死角，或拿起塑料袋和扫帚，走向室外收拾绿化带里的树叶、垃圾。窗台、讲桌、垃圾桶、暖气片都擦拭得干干净净，校园内也到处留下了学生们细心清扫的痕迹，冬日的校园里同学们仨一帮儿，俩一伙儿，干得热火朝天。他们因劳动和付出而快乐着。

看着美丽干净的育才园，学生们感受到了：人人参与，人人有责，人人奉献，人人共享。

东北育才以“德育促进全体学生全面发展”的教育理念，鼓励学生勇于担当。学生自发成立了“郭明义爱心团队”“学生志愿者服务”等社团组织，自己策划活动，到盛京医院、儿童福利院等单位开展志愿服务，通过承担社会责任实现思想升华。此外，学校围绕现实生活中面临的道德热点、难点问题，积极开展社会实践活动，让学生在调查、分析、讨论、评价中寻求解决办法，引导学生走出课堂、深入社会、体验生活；鼓励学生寻访省内各地道德模范，采访感动辽宁的好人好事，在道德模范分享会上见贤思齐，向上向善。

/第二节/

多元育人　描绘学生多彩人生

为了更有利于特长学科学生的全面发展，我们构建四类校本课程多元育人。如学科拓展类课程（科技特长选修、语言特长选修、体艺兴趣选修、经典诵读等）、实践类课程（班团会活动、参观访问、军训、中医药进校园、社区实践等）、社团活动类课程（科技竞赛、爱心活动、节日纪念、读书报告、仪式教育、体艺活动、心理团训、文化传承等）、自主体验类课程（职业体验、值周体验、阳光学子劳动体验等），丰富学生的校园文化生活，从文化基础、自主体验、社会参与等方面落实人文素养、科学精神、学会学习、健康生活、责任担当、实践创新等核心素养，打造全人教育，描绘学生多彩人生。

一、激活创新思维　放飞科技梦想

科技驱动进步已成为很多人的共识，东北育才学校科技活动月围绕“科技、创新、体验、展示”的时代主题，以培养学生的科学精神、增强学生自主创新能力为核心，以营造浓厚的学术风气、激发学生学习兴趣、搭建自我展示的平台为目标，切实推进我校学生以科技活动新发展为重点，组织系列科普活动，是同学们魅力展现的一个平台。

如物理活动周中物理能力PK赛，展现出了育才学子的物理能力、创新思维与团结协作能力；在物理研究性学习成果汇报活动中，同学们研究的课题各具特色。有对高端先进的宇航生活、现代军事的探索，有对深奥的相对论的研究，有对生活中常见的暴沸现象、城市光污染、新能源的思索与实际调查，有对纸飞机、篮球、足球和魔术等游戏的感悟。生活中被人们忽略的物理被独具慧眼的同学们一一挖掘出来并加以深入探讨。实验研究、深度计算统计、资料查阅、调查问卷，小组成员分工合作，亲身经历了一次科研的过程。特长学生张启航小组的研究课题最具创意——“关注沈阳的水质”。张启航带领小组成员寻遍沈阳城，检测了十多处水源的水质，根据检测数据制作出图表，进行数据的分析与评估。小组成员思维严谨缜密，条理清晰，表现出的不仅仅是对物理学科的热爱与执着，更是作为一名沈阳人对环保的责任。同学们以精密的实验、精致的小制作、精选的材料、精准的调查实验数据、精确的事例、精辟的观点、精心的设计、精练的语言、精美的PPT，精诚的合作展现了同学们精益求精的态度。此外，外请专家宣讲的物理科普讲座，关注能源的金点子创意活动；化学家庭实验展示等带领学生走进科学，探索未知奥秘，这些都深受学生的欢迎。

二、弘扬优秀传统文化　打好学生人生底色

传统的优秀文化、红色的革命文化和社会主义先进文化是中华民族思想文化的根本，是民族智慧的精华，对青少年的人格修养有着不可忽视的影响。优秀文化教育是素质教育的重要内容，也是未成年人思想道德的核心内容。因此，在构建社会主义和谐社会的过程中，大力加强优秀传统教育、红色革命教育和先进文化教育，意义重大。

高琛校长强调，在具体实践中，学校需要以优秀文化教育培养学生的文化自信；围绕优秀文化的传承与创新找准实施抓手和载体，开发多样化的主题课程；通过个性化体验教育让优秀文化落到每个学生身上，贯穿于学生学校学习生活的各领域，涵养学生品行修养，使学生拥有幸福的能力。

“雅言传承文明，经典浸润人生”“汉语言文化活动月”是东北育才学校初中部的经典活动，有教师团队助力的文化讲堂“开讲喽”，有学生阅读爱好者做分享的“阅读品味经典”读书交流活动，有“翰墨书香”的书法展，有穿越历史的历史剧表演等，内容丰富，形式多样，已然将传统文化教育融入课程化体系，以校本的力量涵养学生做“有教养、有责任、有追求”的文化传承者。

三、感受体艺之美　展现青春活力

一个国家未来的发展好坏与其国民的体质有着密切联系。身体是革命的本钱，一个人如果没有一个良好的体质为支撑，无论是学习还是工作都难以为继。中学生作为国家未来发展的希望，其体质状况尤需关注。近年来随着经济条件的改善，许多家长为了让自己的子女吃上最有营养的食物，不免有些用力过猛，导致肥胖儿童，体重上升，体质下降等情况出现。同时，学生的生活习惯不够科学，课外锻炼意识较为薄弱，一方面是学习压力的影响，另一方面也是学生缺乏体育兴趣，玩电子产品多于户外运动等导致他们的身体素质较差，使他们体质测试成绩不够理想，这也反过来更影响他们感受运动之美。

我们关注体育教育是为了学生能够获得终身生活所必需的身体能力和知识，能够同时掌握运动方法和健康及安全知识。注重通过体育锻炼引导学生体验“移动身体的快乐”，培养竞争合作的意识。

特长教育重视将音乐、美术等国家课程进行校本化的探索与实践，结合本校实际开设艺术选修课程如钢琴、合唱、素描、色彩、扎染、插花等，同时组织学生参观、体验盛京大剧院、美术馆等优质艺术场馆。许多特长学生成为集团合唱团、民乐团核心成员，能够参加省市级比赛，甚至出国表演。学生的眼界得以开阔，个性得以张扬，情感得以升华，自信得以树立。

特长教育秉承“生生受关注，人人有舞台，个个能发展”的办学理念。创新形式，在每年6月，举行丰富多彩的艺术节活动，让6月的校园成为欢乐的海洋，成为展示育才学子智慧、才艺、自信、阳光的大舞台。

在艺术节上，师生同台，吟诗诵赋，再现了育才人胸怀天下的志向；舞姿翩跹，展示同学们向善向美的情怀；相声话剧彰显了孩子们的智慧与幽默；民乐戏曲让师生一起为民族传统文化喝彩！

这就是我们的艺术节，以活动发掘学生潜力，发展学生特长，培养兴趣，增强审美，陶冶情操，搭建舞台，呈现青春风采，感受艺术之美！

四、增强国际理解教育　连接中国与世界

教育国际化，是中国融入世界的重要桥梁。改革开放40年来，留学的理念已经渗透到中国的千万家庭，国际化教育呈现出低龄趋势。教育创新在不同时空上演，也在跨越不同时空交汇。培养学生的国际化视野和多元思维，是时代的需要，也是新生代家长的诉求。

东北育才优才教育30年来，一大批学生出国深造，最终以所学回馈祖国和家乡父老。尤其外语特长班经过多年的探索与实践，学生分布版图已经遍布全世界。在全球一体化的今天，引进国际优质教育内容，加强国际理解教育，寻求高端国际合作。“和而不同”的教育交流碰撞，必将孕育面向未来、具有全球竞争力的人才。

《国家中长期教育改革和发展规划纲要（2010—2020）》明确提出“鼓励各级各类学校开展多种形式的国际交流与合作”，“培养大批具有国际视野、通晓国际规则、能够参与国际事务和国际竞争的国际化人才”。就基础教育阶段而言，就是要通过开展国际交流与合作，搭建平台让学生与世界对话，以此来涵泳他们尊重与理解异国文化的素养，为今后能成为活跃在国际舞台上的人才而奠定坚实基础。学校经过多种渠道积极搭建为学生出国研学旅行的平台，让学生走出去进行跨文化交流活动。特长教育在此方面优势突出。

（一）短期游学　感受世界

游学，即是一个“行万里路，读万卷书”的过程。学生在游学期间（一般1—4周）到国外，学习语言课程、参观当地名校、入住当地学校或寄宿家庭、参观游览国外的主要城市和著名景点，真正做到了学和游的结合。东北育才学校为了给学生拓宽国际交流领域，与日本、法国、澳大利亚、英国等多个国家的多所学校建立友好关系。

如学校从1999年开始与日本富山中部高中结成友好学校。两校建交20年来，不断加强师生往来。两校每年互派15名左右学子结对子，通过短期游学，师生多角度地了解日本的历史、文化和教育。如传统“日本三道”——书道、茶道和花道表演，寿司体验活动，让学生近距离感受日本传统文化；到富山当地药厂参观学习，使学生深入了解日本工业化的发展历程；学生们还带着课题，走进“痛痛病”博物馆，感知作为世界公民对于环境保护的责任和义务。此外，东北育才不断拓宽对外交流渠道，分别于法国、新加坡、英国、美国等多个国家进行短期交流活动。

（二）深度研学　融入世界

日本国际交流基金会于2006年4月设立中日交流中心，此中心成立的目的是进一步推进中日两国青少年以及市民之间的友好交流，以使肩负中国和日本未来的年轻人心与心相连（“心连心”），开展深度交流项目。该项目邀请学习日语的30多名中国高中生到日本约一年时间，项目组提供在日本各地留学、交流的机会。高中生们一边进行家庭寄宿或过着学生宿舍生活，一边在当地的高中上学，度过与日本的高中生一样的高中生活，通过自身经历了解日本的社会和文化，并加深交流；同时该项目也为日本人提供直接与中国年轻人交流的机会，力求促进中日两国的人民构建个人层面上的信赖关系。

截至目前，心连心项目开展11期，东北育才学校日语特长班学生已有几十人参加该项目。通过深度研学交流，学生的语言能力得到了极大的提升，视野得到开阔，跨文化交流水平不断提高。日语特长班李彩维同学参加这个项目第9期的研学交流，受益很大，受到了心连心项目的采访和肯定。 他们眼中的育才小李是语言的天才，理科的尖子生，各项活动的积极分子。主任渡边仪辉老师毫无保留地表扬道："小李是跳级来到2年级的，最开始的物理小测验她就在全年级名列前茅。她是理科课程的尖子生。而且，英语和日语已经完全被她当作工具来使用了。全球化人才大概说的就是这样的学生吧。她的存在对其他学生也是很好的刺激。说实话我真希望她能在我们学校多留些日子。"

五、生涯规划顶层设计学生发展格局

子曰："吾十有五而志于学，三十而立，四十而不惑，五十而知天命，六十而耳顺，七十而随心所欲，不逾矩。"——《论语》。这段话简洁而有力地描述了孔子的生涯发展以及在不同的时间地点上关键的发展中心。对于学生生涯的规划辅导同样是学校的重要工作，可谓规划的人生更从容。

学校本位的生涯教育与辅导：一种全校性的生涯辅导模式，它要求在校长的带领下，以全校教师参与的方式，共同识别学生整体的需要，并据此订出共同的目标及工作要点，通过全校性的教育与辅导活动，促进学生的生涯认知、生涯探索、生涯准备。

生涯教育活动国外已经很普遍、很成熟，发达国家的生涯辅导贯穿孩子成长的各个阶段。各个阶段的学校教育都有针对职业认识和职业选择的生涯准备教育。近年来，在中国大学里开始有针对毕业生职业选择的职业生涯规划指导。中学阶段的生涯辅导近年来也受到关注，但一般也仅限于开展与生涯有关的教育活动，缺乏系统性。

东北育才学校是一所以培养具有领袖素质的精英人才为目标的学校，是一个群英荟萃的地方，家庭良好的启蒙教育造就了他们旺盛的求知欲、强烈的进取心。而且他们曾经以学生的身份就怀着一个“育才梦”经历了多种磨炼、拼搏终于来到育才园。在某种意义上他们已经被家长、社会界定为“准精英”。因为，他们或有志于此，或不知不觉地已经在家长老师的设计引领下在成为精英的道路上走出了人生的一段路程，已经在追梦的道路上获得了人生最初级阶段的成功。

进入特长教育学习的学生，企盼着开始人生另一段新的旅程，他们很自然地渴望一次全新的成长，一次更高的超越。对于他们来说，争取一个学习上的好名次已经不足以激发出他们内在的潜能，摆在他们眼前的是必须为他们确立一个指向未来的全新的努力方向，给他们搭建更多、更大的发展平台，让他们更深刻地认识自我、了解社会，在与自我的对话，与社会的接触中发现自己的目标和聆听发自内心的渴望。然后通过体验式的学习、专业的生涯辅导，明确自己的方向，去实现一次挑战、一次超越，在更广阔的空间上去提高和发展自己，同时给予他们适当的价值观、职业方面的引导，让他们在这条精英成长的生涯路上继续走得更远、更高。

生涯规划辅导正是特长教育以“为每一位学生准备好未来”为目标，以为学生终身发展服务为原则提出并设置的特色课程。构建生涯指导课程体系，是为学生营造支持环境，为学生提供个性化的心理指导和足够的实践，帮助学生认识自我，发现自己的兴趣倾向、能力倾向，为学生提供发展性作业，满足学生渴望发展、追求卓越的心理需要，也满足了家长、社会对学校人才培养的期望。从长远角度说，也满足了社会对高素质人才的需求，具有广泛的现实意义。

（一）办好“十四岁青春礼”——见证成长的岁月

青春是一个人生命的聚光点，青春的旋律不光委婉动听，更应该刚劲有力。14岁，告别稚嫩的孩童时代，加入青少年的行列；14岁，诗一般的年华，梦一样的季节。为了给孩子们一个成长的仪式感，激励孩子们迈好青春的第一步，教育孩子们勇于承担肩负的责任，陪伴孩子们感受成长的价值与意义，东北育才学校抓住这一人生的关键期，每一年都会举行 “感恩与责任同在 理想与成长同行”十四岁青春成长礼。在老师、家长的见证下，学生们迈进自己的青春之门。如今，“十四岁青春礼”已然成为学生成长中的一个节日。通过青春成长礼，同学们不但体会到了成长的欣喜，更从中感受和收获到了成长所代表的意义和青春所肩负的责任。

附：教师寄语

寄语十四岁

（张磊老师）

亲爱的同学们：

你们好！首先请允许我代表全体老师祝贺你们迈进了人生的14岁，真羡慕你们，能拥有这诗一般的年华，梦一般的青春。现在的你们就犹如一只即将破茧而出的彩蝶，张开美丽的双翅，飞向蔚蓝的天空，去领悟人间的精彩，去体验生活的快乐，去感悟生命的伟大。

可青春虽美，却稍纵即逝。青春是握在手里的细沙，总在不经意间漏去；青春是一本仓促的书，总在步履匆匆时被风吹过。所以，请把握青春的每一天，为你的青春播种、耕耘。

14岁，请种下一颗感恩的种子。

感恩要学会看见。当你背起书包走进校园时，可曾看见父母那一直追随的目光？当你每日面对丰盛的晚餐大快朵颐时，可曾看见父亲那已不再伟岸的背影，母亲不知何时爬上皱纹的面颊？当你坐在课堂思绪飞扬时，可曾看见老师额头的汗珠、疲惫的笑颜？当你课间在走廊欢呼跳跃时，可曾看见保洁阿姨弯下的脊背？学会看见吧，只有看见，才能懂得感恩，感恩身边为我们默默付出的人们。

感恩还要学会听见。你可曾从母亲的唠叨中听到她的关心与惦念？你可曾从父亲的沉默中听到惋惜与无奈？你可曾从老师一遍又一遍的讲解中听到奉献与期许？学会听见吧！只有学会听见，才能懂得感恩，感恩我们可以拥有如此多的爱。

学会感恩吧！多一份感恩，就少一份自私与冷漠；多一份感恩，就少一份苛刻与抱怨；多一份感恩，就少一份贪婪与虚荣；多一份感恩，就少一份索取，多一份奉献。

14而志，感恩以行。

14岁，请种下一颗相信的种子。

你们长大了，会渐渐褪去天真，走向成熟；会渐渐离开父母师长的庇佑，走向独立。也许你的努力暂时得不到回报，但请相信不是一切梦想都甘愿被折断翅膀；也许你会遭遇自私、冷漠、误解，但请相信不是一切火焰都只燃烧自己而不照亮别人；也许你的善良得不到相应的回报，但请相信不是一切真情都流失在沙漠里，不是一切歌声都略过耳旁，而不留在心上。

当失望的灰烬叹息着贫困的悲哀，北岛仍然选择相信未来；当迫害和屈辱压弯生命的脊梁，苏轼仍然相信坚守的力量；当命运的枷锁一次次打击着年轻的生命，史铁生仍然相信明天的希望。相信，是一种多么美好的品格，希望你们一直具有相信的能力。相信善良，才能遇见善良；相信美好，才能遇见美好；相信自己，才能遇见更好的自己。

14而志，相信以行。

14岁，请种下一颗梦想的种子。

人生因梦想的点缀才五彩斑斓，正值青春年华的你们，应该有梦想，或现实，或梦幻，或远大，或美好。

但老师也想告诉同学们，生活中有过关斩将的辉煌，也有败走麦城的失落，有功成名就的快感，也有功败垂成的低落，并非所有的梦想都会变成现实，马云说过："今天很残酷，明天更残酷，但后天很美好，绝大部分人死在明天晚上。"这世上夸夸其谈者众，踏实行动者寡。你们需要不断提醒自己：坚守梦想。心浮气躁不思进取，心烦意乱不知所云，心高气傲欲壑难填，是人生大敌。在纷繁拥挤、充满诱惑的生活中，不要忘记给养自己的精神。希望大家牢记校训，以校友周恩来总理为榜样，努力践行"为中华之崛起而读书"这一崇高理想。

14而志，梦想以行。

感谢今天这个仪式，是它告诉同学们："你们长大了"，也在提醒着你的父辈和老师们，我们也曾经年轻！最后，送给同学们一首诗，以此共勉：

走向远方是为了让生命更辉煌。
走在崎岖不平的路上，
年轻的眼眸里装着梦更装着思想，
让每一个脚印都坚实而有力量。

谢谢！

（二）家校社协同育人——全境指导360度

每个生命的成长都不是孤立的，家长是学生的第一任老师，家庭教育是学校教育的起点和基础，社会是学校教育的试金石，脱离了社会的教育，学生如同温室里的花朵，必然经受不起自然的风吹日晒。东北育才学校将家庭教育、学校教育、社会教育有机结合，协同育人，对学生进行360度全境教育。

“亲师有约”14年温暖陪伴成长，培训活动百余场，培训家长2万余人次，解决孩子成长的共性问题，被家长称为家长和学生共同进步的一本活词典。

“家长开放周”“生涯会客厅”“家访”活动是家校合作共同体中的深耕模式，解决孩子成长的个性化特殊问题，使家长重拾家庭教育的自信，不再无助迷茫。

参与家访活动的刘立秋老师在文章中这样写道：在通信工具发达的今天，走家串户式的家访似乎是一个越来越陌生的名词，打电话、发短信、发微信，或请家长到校面谈成了我们老师和家长联系的主要方式。我校积极响应市“进家入户 携手育人 千师进万家”家访活动。在这次家访过程中，我到学生家里去“串了门”，和家长及学生一起“拉了家常”。我深刻体会到，家访是教师关爱学生的一种表现，是教师对教育教学工作的重要补充 ，更是家校沟通共同培育孩子的非常有效的教育方式。2018年的2月，沈阳的天气还很寒冷，但是家访活动让我心中快乐而温暖。家访让我们读懂了每个孩子期待的目光、看到了每位家长坦诚的愿望，家访搭建了彼此心灵沟通的桥梁，家访增进了教师和孩子间的真情实意。教育一直倡导“要做有温度的教育、心中有爱的教育”，家访就是师爱的体现，家访让学生、家长、老师的心里都分外温暖，它是春天的教育，它是富有生命力的教育，它催生了希望！

（三）职业体验——在体验中学会选择

特长教育注重在体验中引领学生感受职业，10年间，学军学农基地、新松机器人、航空科技、招商银行财商教育基地、辉山乳业、禾丰牧业等基地成了学生接触社会、了解职业的重要途径。

此外，组成“家长职业联盟”，邀请各行各业的家长走进学生课堂，走进校园，与学生共同畅谈职业理想，进行职业规划。行政机关管理人员、公司总经理、大学教师、建筑设计师、军人、法官、医生等用专业的术语与细致的讲解让学生领略了不一样的人生。

一位学生听了职业报告后这样说：今天同学的父亲用他的讲述为我们打开了一个通往艺术、责任与勤奋的建筑师世界的大门。他用服务时间的长短推出中外建筑结构差异的严密逻辑，令我们倍加赞叹；用中西建筑目的的角度引出中西建筑师地位差异的深刻剖析，令我们恍然大悟；用当今建筑行业领头地位的改变，讲述了中国建筑业蓬勃发展的理性解读，令我们记忆犹新。当我们每一位同学沉浸在他的讲述中，中国建筑设计师这一职业也更加立体地呈现在我们眼前。建筑设计行业火热，愈加受人追捧，但这一职业本身对从业者的要求也极为苛刻：大胆的创新思维，强健的体魄，都是每个优秀建筑师必须具备的。最后，家长为我们概述现阶段状态及发展，同时进行中外对比。诚然，中国建筑业正以大步流星式的速度发展，但与国外一流水平仍有差距。中国未来建筑的发展之路需要寄希冀于我们青年一代！

/第二章/

扬长特长个性发展

发展个性，培养特长是素质教育的基本特征之一，也是学校教育的重要任务。学校教育应该尊重学生的个性、特长、爱好，并提供相应的条件使他们充分发挥自己的优势和特长，使学生在学习期间看到自己的优势，使学生的个性、潜力得到最大程度的发展。尊重学生的个性，就是要以学生的主动发展为本，充分尊重学生的个性发展，让学生充分认识到个体价值，树立自信心，体会成功的喜悦，从而保持健康、积极向上的心态和精神面貌。

学校在课程设置上，充分考虑工具学科在各学科学习中的作用和迁移性，根据数学和外语特长学生的发展特点，量身定制课程，形成与特长学生相匹配的特长学科课程体系。与时俱进，不断改进课堂教学模式，在课堂教学中充分利用各种教学手段培养特长学科特长生的学习兴趣和运用知识解决问题的能力，调动特长学科学习的积极性，激发学生自主学习的热情。整合各种教学资源，搭建多元平台，通过各种活动展示学生的特长，进一步发展学生的特长学科。注重对学生特长学科的学法、技巧的指导，教给学生学习知识的方法，提高他们的自学能力、解决问题的能力，强化学生的应用意识。

/第一节/

优化课程　引领成长

育人为本，课程为体。课程服务于育人目标的实现，是育人的重要载体和途径。育才学校教育着眼于国家的教育综合改革，立足于学生的个性化发展，以完善优才教育模式下创新人才培养的课程体系和深化教学改革为核心任务，秉承学校课程建设和常态课堂教学实践的理念，进一步提升课程领导力，转变教育教学观念，实施个性化培养计划，强化课程选择的自主权，满足学生的发展需求，构建师生多元评价体系。实现课堂转型，为学生的个性成长和持续发展提供支撑与保障。

课程设置的优化与课程实施行为的改进，一直是提升学校课程育人质量的核心。重构学校的课程结构，学科课程的实施都要以实现育人功能为己任。通过对国家课程的整合和校本课程的建设，特长学部逐步构建满足学生成长需求、落实学校育人目标的课程。我们坚定优才教育培养目标保持不变，不断完善特长学科的校本课程，适当调整教学进度、难度和课时，确保特长学科优势突出，其他学科优势明显，并稳步实现特长学科课程的校本化建设。

一、特长数学课程设计

设计理念

数学特长班是由一群爱好数学、数学基础较好、数学思维水平较高、有志于在数学上发展特长的学生组成的集体，我们在“面向全体学生，使得人人都能获得良好的数学教育”的基础上，“适应学生的个性，使得数学特长班的学生在数学知识、数学思维品质、数学素养等方面都能获得深度发展”。

课程目标

总体目标

在知识技能方面，在过程与方法方面，在理解数学的基本思想和积累数学活动经验方面，在情感态度、价值观方面，对学生进行适当的教育。使数学特长班的学生通过初中阶段的数学学习，建立起良好的数感、符号意识、空间观念、几何直观、数据分析观念、运算能力、推理能力、模型思想、应用意识和创新意识，进而使学生具备适应未来生活、学习和进一步发展所需的数学知识、思维品质、科学方法和钻研精神。

阶段目标

数学特长班的学生在初中三年里先学习初中数学知识，再学习高中数学的部分知识，所以特长数学课程分为初中数学和高中数学两个教学段。

（一）初中数学教学段分为三个领域——数与代数、图形与几何、统计与概率

1.“数与代数”领域，包括数与式、方程与不等式和函数三部分内容。

（1）数与式

“数”包括有理数和实数；“式”即代数式，主要包括整式、分式和二次根式。这一部分的重点是理解数的意义，建立数感；理解代数式的表述功能，建立符号感；掌握绝对值的几何意义，渗透数形结合思想，培养几何直观能力；理解运算的意义，增强学生的应用意识；并在数与式的运算中，体会从特殊到一般和从一般到特殊的思想，发展运算能力和推理能力。

（2）方程与不等式

“方程”包括关于一元一次方程、多元一次方程组、一元二次方程、分式方程和含参方程；“不等式”主要是一元一次不等式和一元一次不等式组。这一部分的重点是结合具体问题探索方程和不等式的意义，形成建模思想；掌握方程（组）和不等式（组）的解法，形成化归的思想；并在分析和解决开放性、应用性的实际问题中，培养应用意识，发展分析问题、解决问题的能力。

（3）函数

函数主要包括一次函数、二次函数和反比例函数。这一部分的重点是从常量的数学走到变量的数学，形成辩证唯物主义的思想；借助现实背景理解函数的概念和意义，利用函数的方法解决现实问题，进一步培养应用意识，发展分析问题、解决问题的能力；探索变量之间的关系，形成理性思维和科学方法；利用函数的图像直观地探索函数的性质，理解函数与方程、不等式之间的关系，强化数形结合的思想，进一步提高几何直观能力。

2.“图形与几何”领域，分为图形的性质、图形的变化、图形与坐标三条主线。要让学生建立数感、符号感，空间观念。

（1）图形的性质

图形的性质主要包括三角形、四边形和圆等图形的认识和证明。这条主线的重点是掌握图形的概念，培养符号意识；探究图形的性质，经历发现、猜想、探究和证明，既培养合情推理能力，又培养演绎推理能力，并提升空间观念和几何直观能力。

（2）图形的变换

图形的变换包括合同变换（图形的轴对称、平移和旋转）、仿射变换（视图与投影）、图形的相似（包括位似），以及直角三角形的边角关系。这条主线的重点是探究图形之间的关系，通过画图、拼图、测量等活动积累活动经验；从运动的观点和变化的角度研究图形，进一步增强空间观念，发展几何直观能力；研究一个图形在变化之后的不变性，认识数学最本质的内涵。

（3）图形与坐标包括坐标与图形的位置、坐标与图形的运动、用坐标的方法刻画图形的变换等。这条主线的重点是利用量化的办法研究图形，把坐标作为认识图形的另外一个途径和手段，提高数形结合能力，建立解析思想。

3.“统计与概率”领域，包括统计和概率两部分内容。

（1）统计

主要研究如何收集数据，如何整理数据，以及如何从数据得到我们所需要的信息。在收集数据中，感受随机现象，建立数据分析观念；在整理数据中，运用分类讨论的思想、数形结合的思想，提高运算能力，建立符号意识和模型思想；在制作统计图表分析数据中，发展独立思考的能力、分析问题和解决问题的能力、合情推理能力，并积极表达自己的想法。

（2）概率

主要包括具体的古典概型（简单随机事件）和一般的通过大量重复实验

用频率去估计概率。体会概率的意义和用样本估计总体的思想，发展独立思考的能力和合情推理能力。

（二）高中知识分为三个部分——集合、基本初等函数、平面向量

1. 集合

了解集合的含义，使用最基本的集合语言表示有关数学对象，培养符号意识；理解集合之间的关系和运算性质，掌握分类讨论思想的应用，发展抽象思维能力和推理能力。

2. 基本初等函数——基本初等函数（I）和基本初等函数（II）两部分

基本初等函数（I）理解函数和映射的概念，领会函数的思想，培养学生应用数学的意识和分析问题、解决问题的能力；理解函数单调性、奇偶性的含义，学会运用函数图像研究函数的性质，初步树立函数的观点，感受数形结合思想，发展几何直观能力；能够运用函数的性质，解决某些简单的实际问题，了解和体会函数模型的广泛应用，培养学生应用数学的意识。理解指数函数、对数函数、幂函数的概念及意义，能画出其图像，探索并理解其基本性质。在学习过程中逐步养成实事求是、扎实严谨的科学态度，学习用数学的思维方式解决问题、认识世界。

基本初等函数（II）了解任意角的概念和弧度制，理解任意角的三角函数的定义，借助单位圆探索诱导公式。会使用“五点法”“图像变换法”“几何法”画出三角函数的图像，会由已知三角函数值求角。掌握三角恒等变换公式，了解它们的内在联系，并运用它们进行简单的恒等变换。通过图形变换的学习，培养运用数形结合思想分析、理解问题的能力。通过三角函数相关公式的推导，了解它们的内在联系和知识的发展过程，培养利用联系、变化的辩证唯物主义观点去分析问题、解决问题。认识数学与人类生活的密切联系及对人类历史发展的作用，体验出数学活动充满着探索与创造，感受数学的严谨性以及数学结论的确定性。

3. 平面向量

了解向量的实际背景和几何表示，掌握向量的加减法的运算、数乘向量的运算，并理解其几何意义。了解平面向量相关定理及其意义，会用向量的方法处理简单的物理和几何问题。经历用向量方法解决某些简单问题的几何问题、物理问题的过程，体会向量是一种处理几何问题、物理问题的强大工具。通过向量的学习，学生具有一定的数学视野，逐步认识数学的科学价值、应用价值和文化价值，养成批判性的思维习惯，崇尚数学的理性精神，体会数学的美学意义，从而进一步树立辩证唯物主义和历史唯物主义世界观。

评价体系

为了全面了解教师的教和学生的学的情况，以确保课程目标的有效落实，我们建立了目标多元、方法多样的评价体系。

（一）教学评价，即对教师教学过程、教学方式、教学水平、教学效果和优缺点的诊察和评估

一方面，教师通过上课后的自我反思、听公开课后的自我对比、阶段测试后的学生成绩分析、记录教学日记等方式进行自我评价；另一方面，通过学生和家长的问卷调查、领导或同行听课后的交流反馈、参加教学竞赛等方式进行外来评价。

教学评价关注教师的学科能力，也注重教师的教学方法和教学策略；关注教师的个人专业素养，也注重教师的教育热情和积极感染力；关注对教师教学成绩的结论性评价，也注重对教师课堂教学和课后辅导的过程性评价。通过全面、准确的教学评价，及时调节和改进教师的教学。

（二）学习评价，即对学生学习活动过程、智力与思维水平、实践与探究能力、学习成果和优缺点的诊断和评定

一方面，通过课堂过关测试、阶段测试、数学竞赛活动等，对学生的学习效果、认知水平、运用数学知识解决问题的能力进行量化评价；另一方面，通过记录课堂表现（参与程度、探究表现、数学表达与交流等）和课后表现（作业完成情况、数学文化节等数学活动的参与情况），对学生的学习态度、数学能力和思维品质等进行质性评价；此外，结合档案袋法的成长检测和借助智学网的数据分析，对学生的学习动态进行追踪评价。

学习评价既关注学生的学习结果，也注重学生的学习过程；既关注学生学习水平的发展，也注重学生在数学活动中所表现出来的情感与态度；既关注学生对数学知识的掌握，也注重学生的思维活动、探究能力和创新意识。通过全面、深入、因人制宜的学习评价，最大限度地激励学生的综合发展。

二、综合数学课程计划

设计理念

综合数学是一门以初等数学为基础，以趣味数学或现实生活为素材，将知识点加深拓宽，注重数学知识的转化与应用、注重培养学生的思维方式和方法、培养学生良好思维为目的的东北育才校本学科。提倡积极主动、勇于探索的学习方式，注重提高学生的数学思维能力，重视发展学生的数学应用意识，体现数学的文化价值。

课程目标

总体目标

根据《东北育才学校国家课程校本化纲要及实施方案——数学》的意见，结合《初中数学竞赛大纲》《高中数学竞赛大纲》及东北育才学校初中学段、高中学段数学学科教学的实际情况，制定本课程目标。

在学生学习普数和特数的基础上，注重基本能力的培养，又训练学生的数学思维能力，使学生的数学思维能力进一步提高，增强学生的数学应用意识，提高学生的数学素养，进而培养学生的创新精神和实践能力。

阶段目标

综合数学在初中数学与高中数学教学段都分为四个领域——代数、几何、数论、组合。

（一）代数

初中阶段：数与式、方程与不等式、一次函数、二次函数、反比例函数。

高中阶段：集合、初等函数、三角函数、平面向量、数列、多项式。

（二）几何

初中阶段：直线形、圆、常用的几何变换、尺规作图与点的轨迹等。

高中阶段：平面几何中的著名定理、常用的高等几何方法等。

（三）数论

初中阶段：整除的可除性、简单的不定方程、同余的性质、一次同余式、高斯函数等。

高中阶段：完系、简系、费马小定理、欧拉定理、孙子定理、较复杂的不定方程。

（四）组合

初中阶段：组合计数、抽屉原理、组合最值、组合构造等。

高中阶段：容斥原理、二项式定理、概率、图论、组合方法等。

知识层级要求：对知识的要求依次是了解、理解、应用三个层级。

了解要求对所列知识的含义有初步的、感性的认识，知道这一知识内容是什么，按照一定的程序和步骤照样模仿，并能（或会）在有关的问题中识别和认识它。这一层次所涉及的主要行为动词有：了解、知道、识别、模仿、会求、会解等。

理解要求对所列知识内容有较深刻的理性认识，知道知识间的逻辑关系，能够对所列知识作正确的描述说明并用数学语言表达，能够利用所学的知识内容对有关问题进行比较、判断、讨论，具备利用所学知识解决简单问题的能力。这一层次所涉及的主要行为动词有：理解、描述、说明、表达、推测、想象、比较、判别、初步应用等。

应用要求能够对所列知识内容进行推导证明，能够利用所学知识对问题进行分析、研究、讨论，并且加以解决。这一层次所涉及的主要行为动词有：掌握、导出、分析、推导、证明、研究、讨论、运用、解决等。

评价体系

为全面了解师生的教与学的情况，并有效落实既定课程目标，我们创建了多样的评价体系与方法。

（一）教学评价

教学评价，即对教师的教学过程、教学方式、教学水平、教学效果和优缺点的诊察和评估。

在综合数学的教学过程中，教师是否做到：

1. 注重校本教材建设，不断推陈出新，努力做到常规教学内容与竞赛教学内容的紧密配合。

2. 注重集体备课，加强教法研究，努力做到教学内容与教学方法的最优化。

3. 以问题解决为突破口，创设合适的问题情景，努力培养学生的探究能力与创造性思维。

4. 重视数学概念与数学基本原理的教学，使学生深刻理解数学知识的发生发展过程。

5. 注重数学解题规律的教学，引导学生主动而积极探究数学解题方法。

6. 注重培养学生的自学能力，指导学生的数学阅读与数学研究，增强学生学习的自觉性。

教学评价关注教师的学科综合水平，注重教师的教学方法与策略；关注教师的专业素养成长，注重教师的教育热情和积极感染力；关注对教师教学成绩的结论性评价，注重对教师课堂教学和课后辅导的过程性评价。通过全面、准确的教学评价，及时调节和改进教师的教学。

（二）学习评价

学习评价，即对学生的学习过程、智力水平、实践探究能力、学习成果和优缺点的诊察和评定。

在综合数学的学习过程中，通过阶段测试、数学竞赛活动等，对学生的学习效果、认知水平、运用综合数学知识解决问题的能力进行量化评价；通过记录课堂参与程度、课外作业完成情况、数学文化节等数学活动的参与情况、综合数学自学效果等，对学生的学习态度、数学能力和思维品质等进行质性评价。此外，对学生的初高中阶段参加数学竞赛成绩进行追踪评价。

学习评价关注学生的学习结果，注重学生的学习过程；关注学生学习水平的发展，注重学生在数学活动中所表现出来的情感与态度；关注学生对数学知识的掌握，注重学生的思维活动、探究能力和创新意识。通过全面、深入、因人制宜的学习评价，最大限度地激励学生的综合发展。

三、特长英语课程计划

设计理念

英语特长不局限于课本知识，引导学生透过英语这扇窗了解西方世界诸多镜面，如人文、地理、历史、文化、文学等。使英语教学从单纯的工具学习渐变成思想与文化的交流。为热爱英语语言的学生、有英语语言学习特长的学生提供更广阔、平等的平台，着力培养掌握英语语言和英语思维的专业者，为学生继续深造和终身发展打下良好的基础，培养具有国家情怀又拥有人类命运共同体意识的优秀人才。

教学理念

1.“以学生成长与发展为中心”满足学生个性发展需求

英语特长学生普遍具有强烈的好奇心、表达欲和探索欲，英语特长学科教学注重为学生提供一个多维的、互动的学习和成长空间，凸显课堂教学开放性和实践性的特点，重视动态问题的探究，教师成为探究活动的组织者、引导者，通过问题教学法、共同参与法、讨论法、小组示范法、角色扮演法等引导学生主体自主探究 ，从追求学习结果转向了追求学习的过程与方法积极实践，满足学生个性发展需求。

2. 充分利用个性化小班教学，着力打造全英式、浸润式教学环境

利用小班化教学优势，教学设计更加倾向于从“游戏、创造、挖掘、讨论、演讲”等方法，充分调动了学生的学习热情，关注每一名学生个体，发挥每一名学生主观能动性，着力打造全英式、浸润式教学环境，依赖环境推动实现学生的参与性、主动性、合作性、创新性四位一体的综合体验。在充分合作学习的环境中，努力打造学生自我研究、自我探索、自我表达、合作评价与成长的体系。

3. 着重培养学生跨文化交际意识与能力，落地英语核心素养

涉及文化差异的方面，教师应充分地为学生介绍、讲解与比较，让学生们更好地了解不同民族、不同地域之间语言与文化的巨大差异，帮助学生达到成功交际的目的。着力从六个维度构建课程和教材体系。包含：

主题意义（人与自我、人与社会、人与自然）；

• 语言学习的基本单位——语篇（讲座、对话、记叙、访谈、说明文与议论文）。

• 语言知识（语音、词汇、语法等）。

• 文化（外来文化、共性文化、本土文化），学生阅读英文原版书籍，

帮助学生理解英语国家的文化及表达方式，培养学生进行比较、归纳、演绎等能力，帮助学生养成独特的文学风格和鉴赏品质。但英语特长班的学生既要学习外来文化，更要讲好中国故事，传承并发扬民族精神。

- 语言技能（听、说、读、看、写）。
- 学习策略（元认知、认知、交际、情感等等）。

六个方面共同架构英语特长学科课程与教材的设计，着力培养学生分析、推理、判断、理性表达、多元思维等能力，帮助学生更好地理解中西方文化的内涵，汲取精华，尊重差异，逐步提升跨文化沟通的能力，形成正确的世界观、人生观、价值观。

课程目标

总体目标

培养和发展服务于学生留学和终身学习、研究所具备的语言能力、文化意识、思维品质、学习能力等学科核心素养。使学生在初高中特长英语学习的基础上，形成自主学习和合作学习的能力，形成有效的英语学习策略，提升英语学习的综合语言运用能力。

阶段目标（初中为例）

初一学段：对应于学习表现出积极性和初步的自信心。能听懂有关熟悉话题的语段和简短的故事。能和教师或同学就熟悉的话题（如学校、家庭生活）交换信息。能读懂小故事以及其他问题的简单的书面材料。能参照范例或借助图片写出简单的句子。能参与简单的角色扮演等活动。能尝试使用适当的学习方法，克服学习中遇到的困难。能意识到语言交际中存在文化差异。

初二学段：明确自己的学习需要和目标，对英语学习表现出较强的自信心。能在所设置的日常交际情境中听懂对话和叙述。能就熟悉的生活话题交流信息和简单的意见。能读懂短篇故事。能写便条和简单的书信。能尝试使用不同的教育资源，从口头和书面材料中提取信息、扩展知识、解决简单的问题并描述结果。能在学习中相互帮助，克服困难。能合理计划和安排学习任务，积极探索适合自己的学习方法。在学习和日常交际中能注意到中外文化差异。

初三学段：有较明确的英语学习动机和积极主动的学习态度。能听懂教师有关熟悉话题的陈述并参与讨论。能就日常生活的各种话题与他人交换信息并陈述自己的意见。能读懂英文原版同等级的读物和报纸、杂志，克服生词障碍，理解大意。能根据阅读目的运用适当的阅读策略。能根据提示起草和修改叙事、说明类文体的小作文。能分析、推理、判断、理性表达、用英语进行多元思维等活动。进一步增强对文化差异的理解和认识。理解各国文化内涵，能理解并尊重文化差异。

实施对策

1. 真实生活任务型教学

直接通过课堂教学让学生用英语完成各种真实的生活、学习、工作等任务（即做各种事情），从而培养学生运用英语的能力（用英语做事的能力）。

2. 系列问题导向

引领学生的思维品质问题是思维的起点，精心设计一系列有逻辑、环环相扣的问题，引领学生的有序思维，让学生独立思考、推理和探究，训练学生的思维品质。

3. 项目策略

引导学生收集与各个模块相关话题的文字影音资料，在自己汇总、整合的基础上，实现课堂教学的学生呈现，并形成有自己特色的班级课堂教学资料库。

4. 资源策略

充分利用英文报刊、小说，开创英文报刊阅读和小说阅读圈特色课呈现，拓展学生阅读的同时培养学生英文表达、思维条理性。这个过程中，教师要适时、及时地进行指导，而不是完全“放羊”，特别要对有难度、深度的话题及词汇量的选择进行适当的干预和指导，进而形成班级自己教学的“文化”集合。

5. 认知策略

课堂教学的重点应该体现在以学生为中心，教师为指导，在师生互动中完成并提升学生的认知能力、学习能力。正所谓“授人以鱼，不如授人以渔”。

6. 开展英文系列活动

通过学唱英文歌曲、演讲、班级辩论、博客讨论等多种形式，全面提升学生综合语言运用能力，为实现新课改目标采取切实可行的实践，并在实践中研究、归纳、总结。

7. 加强语感培养

学会快速默读课文，抓住课文主要信息，概括内容要点；积累生动的词语和优美、深刻的语句，学会细心揣摩课文中的精彩段落和关键词句，使学生充分体会到英语语言丰富优美的表现力，饶有兴趣地锻炼运用英语进行思维练习甚至写作，形成良好的语言输出环境。

评价建议

1. 评价指标的多元化

（1）通过观测、记录、分析与对比学生在外语学习中所表现出来的参与意识。

（2）小组活动中的合作意识。

（3）语言表达与交流的能力。

（4）探究意识与探究能力。

（5）收集信息与资料的能力以及学习方法与态度。

东北育才学校初中部学生报刊阅读评定表（试行）

班级__________ 学号__________ 日期 __________

姓名	进步情况	终结性评价	过程性评价				学业评定
			作业或任务	态度	小组活动	课堂表现	

注：进步情况为入学情况与终结性评价的比较结果。

2. 评价主体的多元化

新的评价体系强调评价主体的多元化，主张被评价者参与到评价活动中并且将评价者的范围扩大到家长、学习伙伴、管理者甚至社会等。

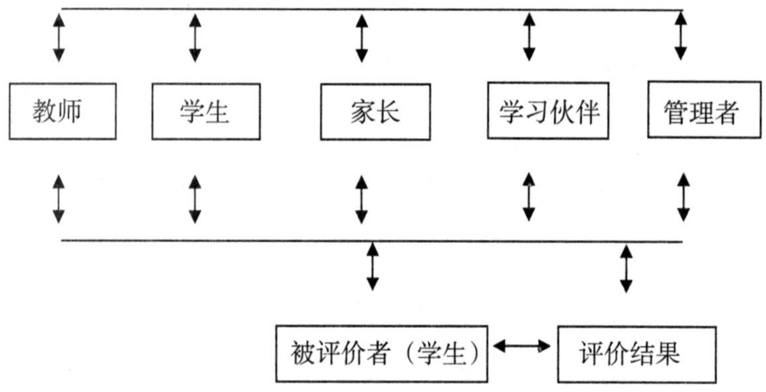

（1）促进了评价主体之间的互动与交流。

（2）促进了学生对自身外语学习的自我反思、自我教育和自我发展。

（3）加强学生学习的积极性、主动性和学习效果。

（4）提高学生的参与意识、合作意识、平等民主意识。

3. 评价方式多元化

（1）学生学习外语课堂行为记录。

（2）课外活动参与情况。

（3）书面和口头作业记录、书面、口头报告等开放性方式。

（4）预习行为课堂活动参与情况。

（5）小组合作学习情况。

（6）思维程度、学习兴趣与学习方法。

东北育才学校初中部学生外语课课堂情况评价表（试行）

班级__________ 学号__________ 日期 __________

项　目	评价结果		
	自评	小组评	师评
是否对本课内容进行了充分的预习			
是否对本课内容感兴趣			
是否全身心地参与到课堂语言实践中			
是否与小组其他成员充分合作共同完成各种任务			
是否积极地思考，并主动回答老师提出的问题			
是否敢于提出独创的、具有批判性的意见			
是否敢于提出问题，发表自己的见解			
本堂课是否收获很大			
是否有良好的课堂学习习惯（如：善于记笔记等）			
综合评估			
评价结果填A、B、C、D。其中：A. 优秀；B. 良好；C. 好；D. 进步中			

东北育才学校初中部学生外语课外活动情况评价表（试行）

班级＿＿＿＿＿　学号＿＿＿＿＿　日期＿＿＿＿＿

项目	评价结果		
	自评	小组评	师评
是否对课外活动很感兴趣			
是否积极参与活动			
是否对活动的开展提出意见和建议			
是否在活动中能与其他成员愉快地合作，共同完成任务			
是否觉得参加课外活动对英语学习很有帮助			
注：评价结果填A、B、C、D。其中：A. 优秀；B. 良好；C. 好；D. 进步中			

东北育才学校初中部学生外语学习情况综合评价表（试行）

班级＿＿＿＿＿　学号＿＿＿＿＿　日期＿＿＿＿＿

项目	评价结果		
	自评	小组评	师评
是否能主动地学习外语			
是否有良好的学习习惯			
是否有合适的学习方法和学习策略			
是否学习努力，充分利用非智力因素			
是否能对自己的外语学习进行反思并能矫正不良因素			
是否能把学习语言和了解文化现象结合起来			
是否能与学习伙伴交流学习信息共同提高			
是否能把学过的知识联系起来并进行创新分析或解决问题			
注：评价结果填A、B、C、D。其中：A. 优秀；B. 良好；C. 好；D. 进步中			

东北育才学校初中部学生选修课学习情况综合评价表（试行）

班级__________ 学号__________ 日期__________

项目	评价结果		
	自评	小组评	师评
是否有参与英语选修课的意愿			
是否有计划性地选择选修课			
是否积极参与课上活动			
是否积极完成课后相关活动			
是否能够利用选修课强化自己的某方面英语能力			
是否能够利用选修课提升英语综合能力			
注：评价结果填A、B、C、D。其中：A. 优秀；B. 良好；C. 好；D. 进步中			

四、法语学科课程计划

指导思想

坚持“以人发展为本”的教育理念，与时俱进，开拓创新，培养语言优势突出、综合素质优异的国际型人才。以英语特长班法语教学工作计划为本，结合法语课时和学生的特点，拟定教学进度表，明确培养目标，推动法语教育教学高标准、高质量发展，增强学生的语言综合运用能力。

阶段目标

初一年级

学会并熟练掌握法语的所有音素、发音规则，可以正确拼读出法语所有符合发音规则的单词，可以运用发音规则流畅朗读一篇生词较多的文章，熟记所学词汇和短语。注重学生学习兴趣的培养，指导法语学习方法，养成良好的法语学习习惯，为以后的自主学习奠定基础。

初二年级

提升学生口语表达能力，注重学生听、说、读的能力培养，强调对教材所学课文的模仿朗读及创造记忆，熟记所学动词变位并会运用性数配合等语法，为法语语法的深入学习打下坚实基础。

初三年级

了解法语的多种时态，培养综合语言能力，在保持学生听、说热情的同时，培养学生法语阅读能力和简单文章的写作能力。着眼于语言综合运用能力的培养，并侧重于听说读写能力的训练和能力拓展，培养学生终身学习的意识和能力。

教学建议

1. 面向全体学生，坚持法语零起点教学

掌握正确的发音方法和技巧，养成良好的发音习惯，注重语音规则的应用和基本听说能力的培养。

2. 帮助学生树立远大的学习目标，端正学习语言的态度

让学生明白法语学习并不仅以升学为目的，教学也不能片面追求应试技能的提高，同时也要为了学生今后可以更好地适应社会生活，增强国际理解教育，适应全球化趋势。

3. 注重信息技术与课堂教学的融合，更新教学观念

紧跟时代步伐，借助现代多媒体工具，在传授知识的同时，创设情境，使学生更直观地理解课程，提高学生的积极性，增强教学的有效性。

4. 注重跨文化沟通能力，增强国际理解教育

注重法国及法语国家文化的渗透，使学生在习得语言能力的同时对法国的政治、历史地理、艺术等领域也有所了解。

5. 构建符合法语教学实际的教学模式

法语学习从26个字母开始，与学生多年积累的英语水平相差悬殊，英语教、学、考的经验都只能作为参考借鉴，不适宜照搬照抄，应结合学生的实际情况及时对教学进行反思并改进。

五、日语学科课程计划

指导思想

坚持“以人发展为本”的教育理念，培养语言优势突出、综合素质优异的国际型人才等需求。为学生留学日本提供教学上的保障，为把学生培养成为跨文化国际型人才奠定基础。

阶段目标

初一年级

学会并熟练掌握日语的所有音素、发音规则，可以正确拼读出日语所有符合发音规则的单词，可以运用发音规则流畅朗读生词较多的文章，熟记所学词汇和短语。注重学生学习兴趣的培养，指导日语学习方法，养成良好的日语学习习惯，为以后的自主学习奠定基础。

初二年级

强调对教材所学课文的模仿朗读及创造记忆，熟记所学语言变形并能灵活运用，提升学生口语表达能力，注重学生听、说、读的能力培养，为初三阶段日语语法的深入学习打下坚实基础。

初三年级

了解日语的多种语法，培养综合语言能力，在保持学生听、说热情的同时，培养学生日语阅读能力和文章的写作能力。着眼于语言综合运用能力的培养，并侧重于听说读写能力的训练和能力拓展，培养学生终身学习的意识和能力，为留学日本做初步的知识和技能上的指导，有意识指导学生做好生涯规划，确定目标和大学的方向。

教学建议

1. 注重基础能力，养成良好习惯

在日语学习过程中，掌握正确的发音方法和技巧，养成良好的发音习惯，对学生日后无论认读单词还是拼写单词，都是尤为重要和必要的。同时，日语班的学生将来是面向日本的留学考试，所以在教学过程中更应注重日语的应用和听、说、读、写能力的培养，以便游刃有余地面对日本的留学考试。

2. 以学生为中心，为成长和发展奠基

教师应帮助学生树立远大的学习目标，在日常教学中多向学生介绍日语作为语言工具的各种优势，展现学习日语广阔的前景，让学生明白日语学习并不仅以升学为目的，教学也不能片面追求应试技能的提高，同时也要为了学生今后可以更好地适应社会生活，乃至职场生活做好铺垫和准备。

3. 创新教学模式，发挥学生主体作用

创设情境，激发兴趣，注重参与，学以致用，落实核心素养，培养学生综合语言能力。

4. 讲文化，重渗透，有高度

日常教学中注重日本及日本国家文化的渗透，使学生在习得语言能力的同时对日本的政治、历史、地理、艺术等领域也有所了解。

/第二节/

聚焦课堂　推进特长

课堂是学校教育的主阵地，在教育走向内涵发展的今天，聚焦课堂、回归课堂既是一种理性的选择，也是一种必然的趋势。以学生为基点的课堂质量提高、以教师为基点的队伍质量提高和以效能为基点的教学管理质量提高是提高学校教学质量不可或缺、互不可分的三大基石。一堂好课，能够在实现课堂教学的最基本功能——传授知识的同时，促进人的发展、生命的完善，能够使教师和学生思考生命的真谛、寻求生命的意义、体验生命的情感、感受生命的律动、创造生命的价值和辉煌。

特长教育实验一直将课堂教学改革作为自身发展过程中的重要抓手和突破口，课堂教学的不断改进已经成为学校实现跨越式发展的不竭动力和源泉。走进课堂、投身课堂、透视课堂、分析课堂、改进课堂，以“常态课堂教学改进”作为完善学校教学质量管理体系和教学质量保障体系、提升教研组队伍整体素质的抓手，以教师为研究主体，以研究和解决课堂教学中的实际问题为出发点，以教学行为改进为目标指向，推动课堂教学实践与研究相结合，不断促进学校常态课堂教学质量的提高，在促进教师专业化成长的同时，提高课堂教学质量，进一步提升学校教育质量和效益，使学生获得最大化的发展。

尊重学生个性化差异、年龄特点和认知规律，课堂教学坚持学校的“一个中心”（“以学生为中心”）、“两项关注”（“关注学生的思维品质”“关注学生的有效表达”）、“三个还给”（“把课堂的时间和空间还给学生”“把质疑和评价的权利还给学生”“把认知和习得的过程还给学生”）、“四点原则”（“高立意、重基础、宽视野、深思辨”）。改变教和学的方式，关注学生自主学习、合作学习、探究学习、创新思维和解决问题能力提高的途径，进行教学流程再造、教学方式再造、教学评价再造。教学步骤力求环节分明、张弛有度，知识点传授力求循序渐进、讲练结合，教学指令力求清晰明确、前后连贯，学生问答力求准确规范，课堂评价力求中肯有效，板书设计力求精练美观、突出重点，课件使用力求科学合理、严谨务实。

课堂学习目标向重视关键能力和必备品格的方向转型。课堂教学方式向情境式、学科活动式转型。学生学习方式向自主合作和探究性学习转型。课堂关注点向关注全体、关注差异发展转型。课堂教学手段向信息技术与课堂教学融合转型，作业练习向分层减负转型，让学生学得生动、活泼、积极、主动。课堂教学中加强文化基础、自主发展、社会参与三个方面，促进人文底蕴、科学精神、学会学习、健康生活、责任担当、实践创新等六大素养，以培养学生的核心素养。

随着课改的不断深化，根据学生的实际情况，常态课堂改进与时俱进，由阳光课堂、活力课堂不断向翻转课堂、智慧课堂发展。

一、课堂教学模式

课堂教学模式一：阳光课堂

“阳光课堂”把“尊重人、发展人、完善人，为学生的终身发展奠基”作为一种追求，把“在阳光下生活，在自信中成长”作为育人理念，把“学会求知、学会做人、学会生活、学会创新”作为“四维”育人目标，实施自主课程、创新开发，通过多种教育元素的良性互动，构建课堂、家庭、社会、自然四位一体的教育大课堂，培养智能并具有个性、和谐发展有所长的创新人才。

阳光课堂的核心是高效课堂，在“阳光课堂”上，教师建立教学目标、教学内容、教学方法、教学过程都开放的课堂教学格局，拓展学生的学习探究空间。创设民主、平等的课堂氛围，激活学生思维，激发学生潜能。课堂上不仅有师生之间，还有学生之间的互动合作，学习小组之间的交流和竞争，让每一个学生都参与到课堂活动中来。课堂上，老师们将学习内容和生活实际、社会现实、科学发展、艺术创造等多元素结合，让学生们跳出教材、走出教室，创设一种多元化、动态化的激励评价机制，促使学生主动、自觉学习。学生们在学习中感受到了求知的愉悦、创造的欣喜，让教学过程成为师生共享的幸福旅程。

教师以阳光的心态营造开放、民主、平等的课堂教学氛围，从主体意识和服务意识出发，设定科学、合理的教学环节，同时又兼顾人性化的感受。在教学设计上巧妙设计、精确构思，把学生影响和带到“爱学”“会学”“学会”的良好循环中，力争在课堂有限的时间里达成教学目标。教师关注全体学生的同时着眼于学生的差异。为每个学生服务，就是在授课中力争满足学生的合理要求，在达成教学目标的情况下采用导学案、创设教学情境、小组合作探究等方式科学合理地设计学生的参与度。每个学生可以在课堂上充分展示自我，外语班的学生放声朗诵外语课文、表演课本剧，大胆地用外语交流各种话题、演绎新闻等；数学班的学生可以勇敢把自己的奇思妙想与老师、同学交流，把自己不一样的解题方法和过程展示出来，在学习的过程中充满阳光。

课堂教学模式二：活力课堂

“活力课堂”是指学生、教师和学科知识都焕发生命活力的课堂。活力课堂的特征具体体现为：课堂呈现的学科知识要能贴近学生的生活经验，体现本学科的发展逻辑和前沿的研究成果，并能在学习过程中不断结构化。教师能深刻理解并以生动的方式呈现出学科的内涵魅力，发挥教育智慧引导学生学会、会学，通过独特的个人体验、独到的见解等深层次领悟学科内涵。学生具有主动积极的学习状态、深度的思维参与、切身的情感体验和正确的价值观。

“活力课堂”旨在体现出知识有活力、教师有活力，最终实现学生有活力。教师在对学科知识有更加深层次的理解和拓展后，将枯燥乏味的理论知识延伸至生活中，甚至引申至前沿科技成果当中，让学生产生浓厚的兴趣，大大增长了学生的见识，这样才能将知识活力化、趣味化。同一个教学设计，不同的教师可能呈现出完全不同的课堂效果，在师生之间互相激发和对话的前提下展示教师的个人魅力，体现教师的生命活力。课堂学习中，学生不仅能识记、理解、应用，更能分析、评价和创造。学生不是停留在懂和会的层面上，更激发思维的主动和活跃，知识、教师、学生三种活力的有效结合和互相影响，促进活力课堂的形成和延续，有效地提高课堂效率。

在“活力课堂”实践中，树立“以学生的发展为核心，以学生学会为宗旨，以学生会学为目标”的理念，明确有效课堂教学的各个环节，灵活地采用各种教学方法，使教学内容鲜活化、教学过程活动化、解题探索化、交流互动化、思维多样化、体验有效化，从多个层面激发学生主动参与学习的全过程。教师在目标的设计上、教学的过程中都必须符合学生的认知规律和特点，采用循序渐进的教学流程和科学的方法，整合各种教学资源，让课堂在“情境中导入，在活动中认知，在探究中创新，在交流中互补，在反思中升华，在应用中提高”。教师积极倡导自主、合作、探究的学习方式，比如利用小组合作与探究的方式、竞争辩论等让课堂充满活力。充分利用多媒体等现代教育技术辅助教学，提高学生学习的兴趣和效率。充分调动学生的积极性，鼓励学生大胆质疑，让学生在具体的一节课中达到厚积知识、破难解疑、方法优化、能力提高、学习高效的境界，同时也给学生创造安全的学习心理环境，充分享受到学习的快乐，亦即营造科学高效的人本化课堂。教师把课堂还给学生，努力构建民主平等、充满尊重的师生关系，让学生在民主、和谐、开放、富有活力的教学中学会学习，学会合作，进而养成终身学习的良好习惯，提高学生的综合素质。

课堂教学模式三：翻转课堂

“翻转课堂”就是在信息化环境中，课程教师提供以教学视频为主要形式的学习资源，学生在上课前完成对新学视频等学习资源的观看和学习，师生在课堂上一起完成作业答疑、协作探究和互动交流等活动的一种新型的教学模式。

“翻转课堂”颠覆了以教师为中心的传统教学模式，它可将课堂由课内延伸到课外。“翻转课堂”除了教学视频外，还有面对面的互动时间，与同学和教师一起发生有意义的学习活动。

信息化时代的“翻转课堂”重新调整课堂内外的时间，将学习的决定权从教师转移给学生。首先由教师创建教学视频，学生在家或课外观看视频讲解，然后再回到课堂中进行师生、生生间面对面的分享、交流学习成果与心得，以实现教学目标。在这种教学模式下，课堂内的宝贵时间，学生能够更专注于主动的基于项目的学习，通过共同研究，解决问题，从而获得更深层次的理解。教师不再占用课堂的时间来讲授信息，而是学生在课下完成自主

翻转课堂的教学模式

教师		学生
课时规划 编制两案 微课录制 前测检查	课前	目标导学 教材自学 微课助学 练习测学
反馈矫正 引导探究 评价点拨	课中	自主探究 合作交流 展示应用
拓展升华	课后	整合提高

学习。通过观看视频讲座、阅读电子书、参加网络上的同学讨论等方式，学生能在任何时候去查阅需要的材料来进行学习。

“翻转课堂”教学模式主要分为三个环节，即“课前”“课中”“课后”。

课前教师通过录制微课、编制两案，给学生提供自学材料和方法点拨，让学生短时高效地完成课前的预习和自学。课上通过师生间的合作、交流、探究，有的放矢地解决学生自学无法完成的问题，进而提高课堂时效性。课后通过整合、拓展，让学生学以致用。

经过翻转课堂的实践，学生课后利用教学视频和教学资源，能根据自身情况来安排和控制自己的学习。学生课外看教师的视频讲解，学习氛围轻松，避免了因教师课堂集体教学的紧张情绪和遗漏而不上教学节奏。观看视频的节奏快慢、次数全在自己掌握中。提升了课堂的互动，教师的角色从内容的呈现者转变为学习的指导者，一方面让教师有时间与学生交谈，回答学生的问题，参与到学习小组，对每个学生的学习进行个别指导，教师能真实地观察发现学生学习过程中的问题。当学生遇到难题时，教师也能及时给予指导。另一方面，教师引导学生的学习，使学生成为更好的学习者，并真正理解课程的内容。当教师在学生身边和他们一起掌握概念时，学生能达到更好的学习状态，也增进了师生之间的情感。

“翻转课堂”围绕教学目标，直奔主题。展示知识的发生、发展、应用、相互关系。多运用归纳思维，少一点演绎思维。尽量让学生归纳整理，教师点拨与延伸。由“先教而后学”转向“先学而后教”，由“注重学习结果”转向“注重学习过程”，由“以教导学”转变为“以学定教”，从传统的“教—学—练”向“学—问—研”转变，实现“学”与“教”的和谐。“翻转课堂”的优势在于从先教后学到先学后教，学生从被动学习到主动学习，学生可以学习两遍，第一遍带着问题自己学，第二遍再集中解决重、难点问题。这样就有了直接面对新内容、新问题、新情境的机会。学生只有在自学理解的基础上，课堂与师生互动交流才有效，才能培养学生思维的深刻性、批判性，知识才能进入长时记忆。大量的微视频让学生可以反复看，自学时看，学习时看，复习时再看，这有助于学生自主学习，自己思考，真正成为一个思想的强者，适应终身学习的大趋势。

课堂教学模式四：智慧课堂

“智慧课堂”以建构主义学习理论为依据，以“互联网+”的思维方式为前提，以“云、网、端的构建”为基础，以“学本课堂”为教学模式的课堂新形态，其目标指向是通过教师智慧地教、学生智慧地学，落实精准教学和个性化学习，实现“减负、增效、提质”，从而促进师生的智慧发展，实现智慧人生。

“智慧课堂”在认知目标及教学内容的选择和确定上，基于动态的学习数据分析，根据课前进行的数字化预习和预习测评情况的反馈，即时、精准地掌握来自一线学生的学情分析资料，弄清学生已有的认知基础，据此来设

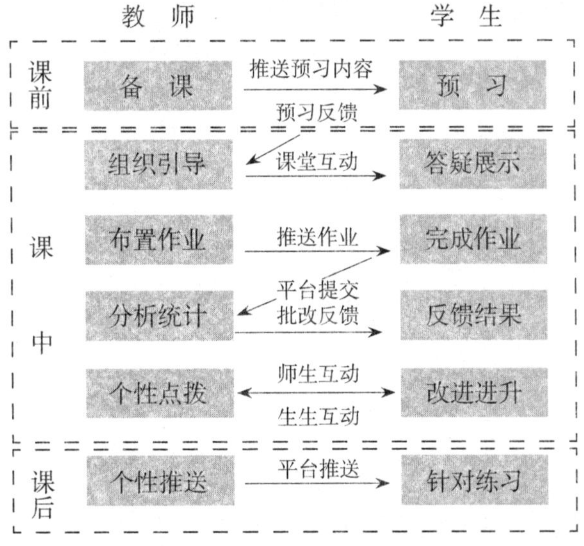

置教学目标，确定相适应的教学内容和教学方法，就是要基于学生的“最近发展区”设计问题，做到有的放矢，以学定教，提高智慧课堂教学的整体效能。

“智慧课堂”实践从以教师为中心、强调知识传授的传统教学转向以学生为中心、强调能力培养的新型教学，从传统多媒体教学的“望屏解读”向师生共同使用技术转变，师生、生生之间的沟通交流更加立体化，无障碍地进行即时交流互动。学习资源实现媒体化、智能化、碎片化，按需推送、实时同步。可实现导学式、互动式、合作式、游戏式、泛在式等各种教学方式。课堂教学流程和方法均发生了变化，从“先教后学”，到“先学后教”“以学定教”，教师依据动态测评分析，掌握每一个学生的知识掌握情况和个体差异，有的放矢，分层教学，真正实现个别化教学和因材施教。学校在与科大讯飞合作后，利用智学网的大数据分析实现课堂动态开放，单一、封闭的课堂教学开始向多元化的开放式教学发展，实现了更为开放的教室、更为开放的课堂活动，使得课前、课中、课后成为一体。开放的课堂有利于增强学生学习的独立性、自主性，鼓励学生自由、自主地学习，为学生激发潜能、发展智力提供了有利条件。

利用智能化的移动学习工具和应用支撑平台，教师与学生、学生与学生之间的沟通与交流更加立体化，能无障碍地进行即时交流，大大提高了课堂互动能力和教学效率。通过大数据分析，可以提前预知学习者潜在的学习需求，可以针对学习者的需要，通过智能的个性化推送等方式，在第一时间推送最新的学习资源，基于动态学习数据分析和即时教学评价信息反馈，实现交互式教学，增加师生互动交互的深度和广度。

依托信息化平台构建的学习环境，在智慧课堂中采取小组协商讨论、合作探究等学习方式，让有相同学习需求和兴趣的学习者自动形成学习共同体，通过平台获取丰富的学习资源和信息动态，就某个问题开展深入的互动交流和探究，有利于实现对所学知识的意义建构，促进知识内化。教师通过平台对小组合作进行实时的数字化评价和及时的反馈，指导、帮助学习小组的讨论和合作探究。

大数据分析使个性化教学和因材施教成为可能，实现了从群体教育的方式转向个体教育。教师对每一位学生的认知度更清晰，有针对性地制定教学方案和辅导策略，推送个性化的学习资料，在课后进行个别化的“微课”作业和辅导，真正实现了以学生为中心的、“一对一”的个性化教学。

在新的课堂教学模式中，教师不再是知识的传授者，而是学生学习的引导者、帮助者，在教学全过程中始终起着重要的引导性作用。课前，通过情境设置、问题激发，教师引导学生对预习内容产生兴趣，并积极主动地查阅资料、开动脑筋，探讨研究教师推送的预习材料和测验。课中，通过互动交流，教师引导学生阐述自己对预习内容的认识过程、表达自己的观点，引导学生发现新的问题、展开讨论。课后，通过布置个性化的作业及辅导，教师引导学生形成对知识的整体掌握和更深入的理解。

教学进程中随时可能出现的新情况、新问题，利用智慧课堂信息化平台提供的学生信息支持，基于动态学习测评分析和即时反馈，依靠数据科学决策，采取机智性行动，及时调整课前的教学预设，优化和改进课堂教学进程，实现学生按需学习。

在课堂教学的各种模式实践中，本着“以学生为主体”为核心，着力发展学生的个性特长，促进学生在课堂教学中长足发展。

1. 引导学生自主学习与主动发展

“自主学习”“小组合作学习”“探究式和讨论式”的课堂教学形式，教师引导学生积极主动地参与教学过程，勇于提出问题，掌握分析问题和解决问题的方法，注重自主、探究、合作式学习，让他们在学习中学会主动发展。提高学生学习的主动性就是要把教学中心由“教”转向“学”。教师的重要作用体现在激发学生的学习兴趣、引导学生自主学习和培养学生合作学习意识之上，从而达到教育的最终目标——培养学生具有终身学习的能力。开展“以学生自主活动为主”的课堂教学，让学生独立自主地进行探究，以学生学习为主线，关注学生问题生成、实践、操作、思维转化、问题解决的全过程，指导并促进他们由浅入深、由表及里地进行学习探索，进而形成独立思考、实践和学习能力。

2. 整合课堂教学资源，紧贴学生生活与社会

改变“过于注重书本知识的现状”，加强“学科课程内容与学生生活以及现代社会和科技发展的联系，关注学生的学习兴趣和经验”，增强“提高生命生活质量”的意识，使学生学会生活，并能积极主动地去创造健康向上的生活。结合学生的生活经历、体验和兴趣等创设贴近学生生活的教学情景，让学生感到这些事就发生在自己身边，唤起学习兴趣。通过广播、电视、电影、报纸、杂志等媒体的时事、赛事、时尚和娱乐等方面的新闻和信息，激发学生的兴趣。丰富的课程资源是学生得以发展的前提，充分调动学生多种感官参与活动，使学生身临其境，在愉悦中增长知识、培养能力、陶冶情操。如果说以前“教科书是学生的世界”，那么现在可以做到“世界是学生的教科书”。

3. 课堂教学形成“多维互动”的教学氛围

深入开展“课堂观察”的研究和实践，综合运用“最近发展区理论”“多元智能理论”等教学理论并紧密结合学生学习实际寻求各学科、各课型新的教学改进策略与方式。把科研视点转移到课堂教学上。课堂教学的最终结果，不在教师“教”得如何，而在于学生“学”得如何。课堂教学的着眼点落在让学生积极主动地参与到教学活动中来，形成“多维互动”的教学氛围，从而使学生的潜能得到相应的发挥。为学生营造一个被接纳、被信任、被尊重及真诚对待的课堂环境，让每一个学生都有机会被肯定和欣赏，使其

个人潜能得到发挥。倡导和精心设计学科活动。学生的学科能力和学科素养是在相应的学科活动中形成和发展的。学科活动的目的是让学习者的亲身经历与学科知识建立联系，让学生通过经验的获得来重构知识。尊重学生的主动精神，让学生成为活动的主体，而不是“被活动”，使学生的学习过程成为学生发现问题、分析问题和解决问题的过程。

4. 学科教学中落实学科素养

把“知识为本”的教学转变为“核心素养为本”的教学，大力推进学习方式和教学模式的改变。以课堂为平台，以学生为中心，以学科为载体，充分发挥学科的育人功能，围绕教学目标，夯实知识基础，提升能力素养，培养情感态度价值观。

外语学科在知识传授与整合式学习中发展语言能力，在中外文化认知与跨文化沟通中发展文化品格。结合教材内容，深化主题、理解文化内涵、比较文化异同，利用多种资源、拓宽视野、增强文化意识学习、传播中华文化。通过课堂设计促进思维品质发展，从基础到拓展、从深度到广度，为学生搭建平台。通过互联网多种方式促进学习能力发展，调动主动认知，积极调试，渗透学习策略、养成学习习惯、形成意志品质、努力提升语言学习效率的意识和能力。

数学学科在老师的引领下，学生通过提出问题，带着问题去思考、探究，进行多角度的观察与联系，从而获取更多的思维通道，提高思维能力，促进创新意识的形成。教师把课堂还给学生，让学生自主学习，独立思考解决问题培养学生独立、认真、合作、探究的科学态度以及不怕困难、勇于挑战、持之以恒的探究精神和综合实力，在经历学习数学的过程中找到学习数学的方法、数学的思想和数学的智慧。

5. 探索多元课堂教学模式，引领教育教学创新

在以开放、互动、共享为特征的教育新环境下，继续探索基于现代信息

技术改进的教育教学新模式，实现教师教学手段现代化和学生学习方式现代化转变的方法和途径。各教研组结合学科教学特点，不断尝试 “翻转课堂”结构下的多元教学模式的构建，目前各学科都开始尝试利用智学网在大数据支撑下的试卷讲评。数学学科将几何画板巧妙地运用于函数的教学中，利用多媒体的投影功能代替板书画图。外语学科积极引进盒子鱼进行课堂教学与信息技术深度融合的尝试，物理学科尝试进行微视频在课堂教学中的应用，利用智学网进行个性化习题推送以及预习辅导等。

尝试实践网络化教学模式，信息技术学科利用信息学教学网站，通过老师个人开发的“魔灯”教育平台，开展丰富多彩的教学活动。

二、特长学科教师的教学主张

（一）特长数学教师的教学主张

关于学科德育

台湾最具影响力的教育学家贾馥茗女士在她的著作《教育的本质——什么是真正的教育》中指出“人道教育要旨”，认为“真正的教育，其责任必须以引导学习者成人为务，以发展人性，培养人格，改善人生为目的”。所以，我们的教学以学科德育为首要目标。

1. 培养学生的数学志向

科学技术的发展速度越来越快，新产生的知识和科学成果总量呈几何级数上升。许多学科在过去10年中的发展变化，常常超过以前100年甚至更长时间的总和。在这个变化趋势中，一个显著的特点是研究、分析问题的定量化越来越重要。数学本身在20世纪中也有了巨大的发展，而且它向其他科学、技术、管理领域的渗透、交叉与融合更是有了翻天覆地的变化。可以说，从宏观的角度看，数学本身在科学技术发展和社会进步中的作用越来越明显。甚至可以说，未来国与国之间的竞争就是数学之争。

所以，我们首先告诉学生“如果你是一个数学爱好者，请深爱!”，并努力培养学生在数学学习和研究的道路上不畏困苦、力争上游。

2. 培养学生的科学精神

数学是理性的代表，在科学意识、科学观、科学精神的培养方面具有不可忽视的科学素养价值。“千教万教，教人求真；千学万学，学做真人。”这是数学学科的真实恰当的写照。

所以，我们注重在分析问题和解决问题中教会学生独立思考和合作交流；在遇到“拦路虎”时培养学生遇到障碍不逃避、不放弃、持之以恒坚持到底的坚毅和换角度思考问题的灵活变通；特别注重培养学生严谨、求真、踏实、稳健的作风，看问题更客观、准确、透彻的角度，合理怀疑、批判、创新的意识和民主、平等、合作的精神。

3. 培养学生的高洁情操

数学最大的特点就是其客观性，它是精确的，严密的，纯粹的，科学的，因此它是“真”的代表；数学中处处蕴含着理性精神，堆积着对真理执着追求的态度，且包容万物，它是一种高级趣味的体现，是自身修养和精神的体现，因此它是“善”的。苏格拉底甚至强调，学习数学是“为了灵魂本身去学”；数学文化毫无疑问还是美的，而且它以其精练、准确、简洁、井然有序、协调统一与神秘、巧妙、奇异并重，赢得了古往今来无以数计的人的赞美和垂青。

所以，我们注重挖掘数学教学中的德育和美育素材，在数学教学中向学生传达“真、善、美”。

关于学科教学

人的智慧来源于人的思维。人类之所以能够认识事物的本质，掌握事物发展的规律，创造科学，征服和改造客观世界，都是和人类能够思维分不开的。而数学最大的特点就在于，它可以最大限度地张扬思考的魅力，并改变一个人的思考方式、方法和视角。所以，我们的另一重中之重的教学目标就是充分利用数学锻炼学生的思维，启迪学生的智慧。

1. 发展学生的思维水平

数学学习总是通过人的具体形象思维上升到抽象逻辑思维，数学概念的得出与应用总是遵循从再现性思维到创造性思维，数学命题的猜想与论证可以引导人从直觉思维升华到辩证思维，数学中的定理与逆定理可以锻炼人从正向思维到逆向思维，数学中的一题多解与多题一解则使人从集中思维到发散思维，等等。这些使得在数学学习过程中，人的思维的深刻性、逻辑性、广阔性、灵活性、创造性、发散性等多种思维品质都能得到锻炼和提高。

2. 培养学生的应用能力

很难想象如果没有数学，人们怎么能全面、深刻地认识世界；也很难想象如果没有数学，人们依靠什么改善人类生活、推动社会的进步与发展。华罗庚说“宇宙之大，粒子之微，火箭之速，化工之巧，地球之变，生物之谜，日用之繁”，无处不用数学。

所以，我们在教学中不仅注重数学知识的应用性，还特别注重培养学生运用数学的观点揭示事物的本质的本领和运用数学知识解决身边实际问题的本领。

3. 培养学生的方法意识

数学知识、数学方法、数学思想是数学知识体系的三个层次，它们相互联系、相互依存、协同发展。其中，数学知识是数学思想方法的载体，数学思想方法是数学知识产生发展的源泉。可以说，数学思想和方法是数学的精髓。学生所接受的数学知识，往往因毕业进入社会后几乎没有什么机会应用而在出校门后不到一两年便忘掉了。然而不管他们从事什么业务工作，日积月累的铭刻于头脑中的数学的精神，数学的思维方法、研究方法、推理方法和着眼点却随时随地在发生作用，使他们受益终身。

所以，我们不仅力争使学生在学习数学的过程中建立起缜密、有序的思维能力、智力能力、判断能力和反应程度，也努力让学生在学习数学的过程中形成分析问题、解决问题的思路与方法。

总之，人类的进步，时代的发展，国家的富强，需要的是一个善于主动学习的人，一个不断迸发思想火花的人，一个能用数学的眼光去看待世界的人。我们数学特长班的数学老师时刻以学生为本，努力给学生打开一扇窗，让他们领略博大精深的数学世界的风光，也尽力给学生创造更多更好的数学学习的机会，让他们的人生更成功、更精彩、更有意义，从而也更快乐。

（二）综合数学教师的教学主张

综合数学的教学应该结合学科特点和学生特点来开展自己的教学活动。综合数学与普通数学和特长数学有着一定的区别，具体表现为：学科特征——技巧性、新颖性、趣味性、优美性、挑战性；思维特征——敏锐的观察、深入的思考、独特的思路、合理的猜想、丰富的想象、科学的否定、困惑中的顿悟；能力特征——准确、简明的表述能力；灵活的变形、转化能力；直觉洞察能力；运用数学思想调控思维过程的能力；推广和改进数学方法的能力；创造性的构造能力。

数学特长生共性：具体表现为：逻辑性强——善于把知识系统化和结构化；概括性强——善于抽象思维；灵活性强——善于处理与灵活性有关的开放信息；流畅性强——善于分析、综合及思考的形式化；主动性强——善于主动地获得知识，具有很强的好奇心；坚持性强——能持之以恒地对待学习和处理事物；控制力强——能控制自己的情感与行为；自我意识强——善于体现自己的价值，不为环境干扰。数学特长生也有着特殊的心理特点：他们重视数学难题，而相对轻视基础知识和基本训练；他们常常追求巧解，而忽视解题的通性通法和一般规律；他们的直觉思维能力强，而往往忽视严谨的逻辑分析与表达等。

数学特长生的培养起点不在于他们掌握的知识与解决问题的能力有多少，而在于通过引导能使他们得到在数学乃至科学方面的发展。他们与生俱来并不完全相同，没有完全相同的心理倾向，也没有完全相同的智能，但具有自己的智力强项，有自己的好学风格。

全方位提高数学特长生的能力，探索特长生的培养规律和方法、心理素质和科学素质，探索综合数学学科教育的功能、性质和原则，其实践意义是为更高一级学府输送一批全面发展、学有所长的优秀毕业生。

学生的思维活跃、理解能力强，可以最大限度发挥其潜在的智力优势，牢固掌握教学规定内容，还要使其数学知识得到加深与拓宽。学生的数学学习活动应当是一个生动活泼、富有个性的过程，不应只限于接受、记忆、模仿和练习，还应提倡阅读自学、自主探索、动手实践、合作交流等学习数学的方式。

教师在教学过程中，要使学生掌握扎实而宽厚的数学基础知识。应该重视传统的、经典的数学内容的学习，加强数学与学生日常生活的联系；注重几何直观；增加随机数学（包括概率与数据处理的内容）；重视估算和计算方法的多样性；尽早引入坐标思想等。能力方面重视运算能力、逻辑思维能力和空间想象能力的培养，特别重视解决复杂问题能力的训练。

教学要使学生深刻理解并熟练掌握基本的数学思想和方法，要使学生的数学思维能力得到显著提高，要使学生的数学能力跃上一个新台阶。以综合数学知识为载体，努力培养学生的逻辑思维能力、推理论证能力、综合分析问题和解决问题的能力，努力增加学生思维的创造性、探索性、灵活性和广阔性，提高学生总结、归纳、概括、综合的能力。

教师指导学生自学，帮助学生制订自学计划，介绍自学材料，定期检查自学效果，树立自学成才典型，鼓励学生的自学活动。让他们在自学过程中广泛涉猎各种知识，形成比较完整的知识结构，不断提高自己的数学水平和数学素养。教师指导学生阅读数学史材料与数学家传记，指导学生撰写数学小论文，开展数学交流活动，使学生在数学学习与数学研究中，不断得到数学文化的熏陶与感染，使之更加热爱数学，增加数学学习的主动性，提高学生的数学文化素养。数学家徐利治指出：现有的数学知识中，至少百分之七十的知识是通过长年累月的自学方式取得的，任何学校教育都不能替代自学的功效，只有自学才能最有效地获取活知识，并能有效地培养独立工作能力和创造才能。

我们为实现学科的总体目标，教学内容的呈现形式应生动活泼，具有趣味性、可操作性，提倡主动探索和彼此交流。教学观念上提倡积极主动、勇于探索的学习方式，注重提高学生的数学思维能力，重视发展学生的数学应用意识，体现数学的文化价值。

新课程改革，教学观念在变，教学内容在变，教学方法也在变。这一切的变化也都是为了更好地培养高素质的优秀人才。具体地说，数学特长班的综合数学教学也面临新的问题与新的挑战：新课标理念下的数学教学目标与内容的深刻变化，新形势下数学竞赛内容的深刻变化，招生制度的变化，学生与家长思想观念的变化。综合数学课程目标也及时随之更新。

（三）特长英语教师的教学主张

1. 面向全体学生，注重个体差异，为学生终身发展奠定共同基础

初中学生在学习方式和方法上存在着差异，在知识基础和能力发展水平上也存在着差异，因此教学设计不但要符合初中学生生理和心理特点，还要考虑不同学生的不同情况，以满足不同类型和不同层次学生的需求。

2. 树立符合新课程要求的教学观念

教学中注意发展学生的批判性思维能力和创新精神。增加开放的任务型活动，增加探究性学习内容，使学生有机会表达自己的看法与观点。教师鼓励学生学会合作，发展与人沟通的能力。在设计教学任务时，根据不同学生的情况设计不同的任务，使所有的学生都得到进步。

3. 倡导“任务型”的教学途径，培养学生综合语言运用能力

以学生的生活经验和兴趣为出发点，有助于英语知识的学习、语言技能的发展和语言实际运用能力的提高，积极促进英语学科和其他学科间的相互渗透和联系，使学生的思维和想象力、审美情趣和艺术感受、协作和创新精神等综合素质得到发展。

4. 关注学生的情感，营造宽松、民主、和谐的教学氛围

初中学生经历着从少年、青年到成年转化的特殊时期，是人生观初步形成的重要时期。因此，在初中部的英语教学中特别关注学生的情感，尊重每个学生，特别关注性格内向或学习有困难的学生，积极鼓励他们在学习中努力尝试，创设各种合作学习的活动，促使学生互相学习、互相帮助，体验集体荣誉感和成就感，发展合作精神，建立融洽的师生交流渠道，努力营造宽松、民主、和谐的教学氛围。

5. 加强对学生学习策略的指导，帮助他们形成自主学习能力

初中学生应该形成适合自己学习需求的学习策略并能不断地调整自己的学习策略。引导学生主动学习，帮助他们形成以能力发展为目的的学习方式，鼓励学生通过体验、实践、讨论、合作、探究等方式，发展听、说、读、写的综合语言技能。为学生独立学习留出空间和时间，使他们有机会通过联想、推理、归纳等思维活动用英语分析问题，解决问题，获得经验，增强信心，提高能力。

6. 利用现代教育技术，拓宽英语学习和运用的渠道

在条件许可的情况下充分利用各种听觉、视觉手段，丰富教学内容和形式，促进学生课堂学习；利用计算机和多媒体教学软件，探索新的教学模式，促进个性化学习；开发和利用广播电视、英语报刊、图书馆和网络等多种资源，为学生创造自主学习的条件。

（四）特长法语教师的教学主张

1. 发展特色办学，构建发展平台

语言是人类最重要的思维和交流工具，是人们参与社会活动的重要条件，也对促进人类的全面发展具有重要意义。当今社会生活和经济活动日益全球化，外语已经成为世界各国公民必备的基本素养之一。自2018年起，我国教育部将法语列入高中课程，新课程方案和课程标准全面落实党的十八大和十九大精神，针对长期以来存在的片面追求升学率的倾向，新修订的课程方案强调普通中学教育不只是为升大学做准备，还要为学生适应社会生活和职业发展做准备，为学生的终身发展奠定基础。扩大普通中学教育的语种是大势所趋，我校一直走在语言特长教学的前沿。我校选择法语也是出于国际交流的目的，法语语种覆盖率高，在国际场合应用多，对于学生而言，学习和掌握多门外语，对于未来的人生发展具有重要意义。

2. 提供多种选择，适应个性需求

青年需要国际视野，中学教育要切合时代发展趋势。培育学生的全球化视野在教育工作的实践中十分必要，也十分紧迫。我校法语课程是英语特长班特长学科课程的重要组成部分。因此，特长法语课程旨在帮助学生打好语言基础，为他们今后升学、就业和终身学习创造条件，并使他们具备成为21世纪复合型领袖人才所应有的外语素养。特长法语课程结合特长学生认知特点和学习发展需要，在培养学生基本语言运用能力的同时，着重提高学生用

法语获取信息、处理信息、分析和解决问题的能力，逐步培养学生用双语进行思考和表达的能力，为学生进一步学习和发展创造必要的条件。

3. 改善学习方式，提高自主学习能力

特长法语课程的设计与实施不仅有利于学生掌握另一门外语，为日后进入社会增添竞争筹码，也能够优化其英语和法语的学习方式，使他们通过观察、体验、探究等积极主动的学习方法，发现两门有着共同起源的语言间的相辅相成因素，充分发挥学生自己的学习潜能，形成有效的学习策略，提高自主学习的能力；有利于学生学会运用多种媒体和网络平台，拓宽学习渠道，形成具有个性的学习方法和风格。

4. 关注学生情感，提高人文素养

特长法语课程关注学生的情感，使学生在法语学习的过程中，提高独立思考和判断的能力，培养与人沟通和合作的能力，增强跨文化理解和跨文化交际的能力，树立正确的人生观、世界观和价值观，增强社会责任感，全面提高人文素养。

5. 完善评价体系，促进学生不断发展

特长法语课程旨在建立促进学生全面发展的多元化评价体系。评价有利于学生的发展，对学生的学习起到促进作用。我们应采用形成性评价和终结性评价相结合的方式，着重评价学生的综合语言运用能力以及在学习过程中表现出的情感、态度和价值观。评价体系有助于学生监控、调整自己的学习目标和学习策略，也有助于学生增强学习法语的信心。

（五）特长日语教师的教学主张

1. 增强跨文化意识的渗透

未来的世界必将形成政治、经济、文化、技术等多种域高速发展变革的空前局面。随着网络的普及和高新技术在通信领域里的使用，以及中国加入

WTO后与世界各国进行国际交流合作的日益频繁。我们越来越需要能面向世界，对异国文化有深刻了解的全能型人才。东北育才学校致力于为每一名学生提供全面发展的机会和条件，高层次、高标准、高水平地实现全员、全面而有个性的终身发展，使学生成为祖国建设人力资源强国的中坚力量。因此，我们顺应世界发展趋势，在外语教学中不断地向学生渗透跨文化意识。

学习日语，不仅仅是为了掌握语言知识，更重要的是把它作为一种有用的工具，吸取世界各地先进的文化知识，获取各方面有用的信息，进行跨文化交际，参与国际活动，使日语成为实现我国现代化建设目标和对日开放的有力武器；同时也实现我校开放办学、国际办学、特色办学的目标。我校与日本富山县县立中部高中建立姊妹学校已有二十几年的历史。两个学校的学生在交流的过程中文化上的冲突时有发生。有时想到自己平时的日语教学中对跨文化意识传授重视不够，只重视语音、词汇及语法等语言知识的传授，以及听、说、读、写、译几项基本语言技能的培养和训练，基本不涉及文化传授的问题。交流中发生失误也就不足为奇了。教师尽可能地在日语课堂中进行日本文化的渗透，培养学生的跨文化意识，进而让学生在更广阔的范围内学习日语，提高日语跨文化交际的能力。

2. 注重挖掘每个词汇、语句语段、语法中所蕴含的日本文化

语言是人们交流思想、传递感情的工具，它烙有鲜明的民族文化特点。因此在教学中恰到好处地去挖掘语言中所蕴含的文化韵味对提高学生的文化意识来说尤为重要。比如日语中“ていただけませんか”这个语法（它的中文意思是“我能请您帮助我做……”。中国人的说话习惯是“×××，帮一下忙”）。在日语里，这个词的使用频率特别的高。它是日语中非常典型的一种委婉表达形式，是由三部分语法点重新组合在一起的一个语法。它在重新组合的同时也表现了说话者变化着的心理，这也是日本社会文化的一种体现。从这个小小的语法中我们可以大致体会到日本民族的个性特点——内

敛、含蓄、不爱张扬。而这些特点在语言上的体现就是不断地使用大量的委婉的表现形式。日语中委婉表现形式之多、使用频率之高，要远远超出其他民族。日语的委婉表现手法体现了日本民族独特的语言、文化心理及独特的民族思维方式。这就让学生感受到了日本人在说这句话时的情感，同时也让学生明确了在这样一种文化氛围中日语的诞生是必然的。那么学生在以后的跨文化交际中就避免了因为不了解文化而发生的交际上的失误。

3. 体验中日文化冲突，感受跨文化意识在交往中的重要性。

学校建立姊妹学校进行的中日两国学生家庭之间的友好往来、学校假期组织的夏令营、教育机构所组织的文化交流活动等，都是零距离触摸日本文化的平台。而在学生进行交流的过程中由于文化背景的不同，就不可避免地要发生这种或那种的冲突。

比如在中国人的餐桌上，主人喜欢用自己的筷子给客人夹菜，而在日本人看来，这样做很不卫生。而日本人在吃饭的时候习惯分餐具就餐，即便是吃火锅也不像我们中国那样一桌人用一个火锅，而是每人一个小火锅。

因此教师在指导学生解决这些文化的冲突的时候，要指导其挖掘矛盾背后所隐藏的文化差异、文化取向、价值观念、社会规范、思维方式等方面，同时还要让学生们了解到这些差异会给不同文化背景的人们在跨文化交际中的相互理解与社会生活中的和睦相处带来极大的困扰，使人们烦恼、苦闷，或产生失落感，影响正常的交往甚至带来意想不到的后果。因此，了解文化间的差异是跨文化交际成功的关键。而日语教师就是要指导学生构建中日文化互动的真实状态。

4. 教会学生解读日本人眼中的日本文化

学校自成立日语特长班以来，一直坚持采用中国人的日语教师和日本外教合作教学的模式。这就为教师和学生提供了在日常生活中了解日本文化的机会。因为外教在上课时会潜移默化地把日本文化渗透给学生。学生在上外教课的时候，不仅能听到外教地道的日语表述、语法解释，更能从外教的语音语调、眼神交流、姿态、手势以及面部表情等非语言的交流中接收信息。而教师则要引导学生经常性地把所接受的信息去和自己原来从教材、教师指导以及其他渠道所了解到的信息进行比较，那么学生就会形成自主解决文化冲突所带来的麻烦的习惯。同时这也会增强学生的跨文化意识，进而达到不同文化的融合。而忽视了这一点，就会导致交流中的冲突和误解，谈不上语言的交际能力的提升了。

教师要求学生有跨文化的意识，并且在教育教学中向学生渗透，以此来提升学生的跨文化交际能力，而教师自己也要不断地学习和掌握有关跨文化的知识，为提高学生跨文化交际的时效性做出自己的努力。

三、特长学科教学设计案例展示

《平均数》教学设计

【设计理念】

根据数学新课标的理念，为了让学生以“再创造”和“再发现”的方式，经历数学知识的发生、发展过程，教师将采用演示、启发和谈话式的教学模式，通过“动手操作—观察发现—自主探究—交流合作—类比迁移”的学法进行授课。

1. 形成数学抽象，积累活动经验

在数学抽象核心素养的形成过程中，积累从具体到抽象的活动经验。使学生能更好地理解数学概念，通过抽象、概括去认识、理解、把握事物的数学本质，逐渐养成一般性思考问题的习惯，并且能在其他学科的学习中主动运用数学抽象的思维方式解决问题。

2. 掌握运算法则，提升运算能力

在数学运算核心素养的形成过程中，学生能够进一步提升数学运算能力；能有效借助运算方法解决实际问题；能够通过运算促进数学思维的发展，养成程序化思考问题的习惯；形成一丝不苟、严谨求实的科学精神。

3. 应用数据分析，解决实际问题

在数据分析核心素养的形成过程中，学生能够提升数据处理的能力，增强基于数据表达现实问题的意识，养成通过数据思考问题的习惯，积累依托数据探索事物本质、关联和规律的活动经验。

【教学内容】

内容及地位

本课是北师大版数学教材八年级上册的第六章数据的分析里的第一节。学生习惯用算数平均数描述一组数据的集中趋势，这一节我们对平均数作一点拓展，即加权平均数，并利用算术平均数和加权平均数的概念解决现实问题。

【教学目标】

知识与能力

（1）理解算数平均数、加权平均数的概念；

（2）会求一组数据的算术平均数和加权平均数；

（3）发展数学感知、数学表达和数学概括能力。

过程与方法

（1）在经历用平均数描述数据集中趋势的过程中，发展数据分析观念；

（2）在利用算术平均数和加权平均数的概念解决实际问题过程中，发展数学应用意识；

（3）经历观察、计算、操作、思考、分析、归纳的探究过程，尝试“一题多解”的数学方法，领会“从特殊到一般”的数学思想。

情感、态度与价值观

培养学生善于观察、勤于思考、勇于探索的科学精神，提高学生乐于交流、互帮互助的合作意识，让学生累积发现的乐趣、成功的喜悦和学习数学的信心等积极的心理体验。

【重难点】

重点：会求一组数据的算术平均数和加权平均数。

难点：生成和理解加权平均数的概念，尤其是对“权”这一概念的理解。

【教学方法】目标教学法、问题教学法。

【教学过程】

一、引入与铺垫

【创设情境——承上启下】

1. 10月29日晚上辽宁男篮将迎来2017—2018赛季CBA的首场比赛，辽宁队客场挑战四川队，最终凭借末节发力，以107∶96击败对手，取得开门红。

2. 12月24日辽宁队主场迎战四川队。大屏幕展示教师统计出的两支队伍队员的身高和年龄。本节课应用平均数的知识分析数据，预测结果。

设计意图：

1. 以学生熟悉的篮球明星为背景创设情境，引起学生兴趣，营造生动活泼的课堂氛围。

2. 让学生感知数学来源于生活，学会用数学的眼光去看世界。

3. 平均数的概念是本节课的重点，尤其是平均数的应用。赋予平均数以实际意义，学生则很容易理解平均数是描述数据集中趋势的统计量，从而有助于突出重点。

二、操作与思考

【算一算——合作探究】

给出两支篮球队队员的身高和年龄，计算每组的平均身高和平均年龄；

预测下一场比赛哪个球队更有可能获胜。

分组讨论的要求：

1. 两人一组，分工合作；

2. 列式计算，得出结果；

3. 一人展示，一人汇报。

【说一说——小组汇报】

学生应用不同方法展示计算的过程和结果。

【理一理——点拨提升】

1. 学生展示计算的不同方法。

2. 学生总结算术平均数的定义。

3. 学生对比赛结果做出预测。

设计意图：

1. 学生感知算术平均数的现实意义，并理解算术平均数的概念。

2. 学生经历计算的过程，得出算术平均数公式的符号表示，更有一般性。

3. 学生通过讨论简便算法的过程，给学生一个从算术平均数到加权平均数的“台阶”。

总之，放手让学生去探究、去讨论，既锻炼了学生的表达能力，落实了“利用算术平均数解决现实问题”和“尝试一题多解的数学方法”这两个教学目标，又让学生亲历知识发生、发展的过程，培养了学生的计算能力、观察能力和探究能力，同时培养学生互帮互助和合作学习的习惯。

三、探究与感悟

某广告公司招聘广告策划人员一名，对A、B、C三名候选人进行了三项素质测试，他们各项测试成绩如下表所示：

测试项目	测试成绩/分		
	A	B	C
创新	72	85	67
综合知识	50	74	70
语言	88	45	67

【算一算——独立思考】

方案1：根据三项测试的平均成绩确定采用人选，请你计算并比较他们的平均成绩，那么谁将被录用?

【议一议——合作探究】

方案2：根据实际需要，公司将创新、综合知识和语言三项测试得分按4：3：1的比例确定个人的测试成绩，请你计算并比较在这种规则下个人的得分。那么，此时谁将被录用?

【说一说——小组汇报】

学生汇报结果。

【理一理——点拨提升】

1. 学生思考：方案1和方案2的结果为什么不一样?

2. 教师总结：

（1）在实际问题中，每个数据出现的次数可能不相同，所占的份数可能不相同，则这个数据在实际问题中的“重要程度”不相同，对平均值的影响不相同；

（2）在实际问题中，各个数据的“重要程度”，在数学计算中，体现在给每个数据加一个“权”。

3. 归纳概念：举例说明—搭建台阶—生成概念。

设计意图：

1. 培养学生的数学表达能力。既不被老师替代思考、替代表述，又营造生动活泼的课堂气氛。

2. 学生容易停留在只从表现形式的角度认识加权平均数，不会从“权”的实际意义去思考。教师引导学生正确理解加权平均数的概念，不论“权”以什么形式给出，他们都体现了一个数据在一组数据里的“重要程度”。学生对研究统计量的现实意义进行建构，既突出重点，又突破难点。

3. 在这个环节学生会用正确的方法求出算术平均数和加权平均数，落实本节课的教学目标。

四、应用与检测

【自主检测——生本互动】

1. 数据5，63，9，7的平均数是__________。

2. 某中学规定学期总评成绩评定标准：平时30%，期中30%，期末40%，小明平时成绩为95分，期中成绩为85分，期末成绩为95分，则小明的学期总评成绩为__________。

3. 为了增强市民环保意识，某班50名学生在星期天调查了各自家庭丢弃旧塑料袋的情况，统计数据如下：

每户丢弃旧塑料袋个数	2	3	4	5
户数	6	16	15	13

根据以上数据回答：50户居民每天丢弃废旧塑料袋的平均个数是________。

【互批互改——生生互动】

互相批改，互相讲解，互相评价。

【创意设计——师生互动】

1. 计算自己小组的平均分，选出优胜者。

2. 如何计算班级的总平均分。

设计意图：

这里设计了三个环节——

第一环节，意在应用概念，解决问题。要求学生答题时反复应用平均数的概念和意义解决问题。锻炼学生的数学计算能力，并继续深化教学目标。在这里，教师巡视个体学生，初步考察学情。

第二环节，有效落实“兵教兵”“兵练兵”“兵强兵”的教学理念，进一步培养学生合作学习的意识和习惯，并从中了解全体学生的学习情况。

第三环节是开放题，再次激发学生的探索、发现、想象和表现的愿望，并通过变式，使学生对算术平均数和加权平均数的概念理解得更深入，灵活运用概念，从而达到深化教学的目标。

五、收获与总结

1. 学生谈一谈收获和感受。

2. 教师理一理思想和方法。

设计意图：

总结所学，再次明晰教学目标，使学生建构清晰准确的知识体系，熟悉常用的数学思想，体会研究问题常用的思路方法。

六、作业与寄语

1. 必做：课本上习题6.1；

2. 选做：探究生活中加权平均数的应用，下节课与同学和老师分享、交流。

设计意图：

分层次作业：作业1为必做作业。作业2为有余力的同学选做作业。

【板书设计】

平均数	
一、算术平均数：	三、小组竞赛
二、加权平均数：	四、加权平均

设计意图：板书是教学内容的浓缩，突出基本知识框架，传递人文精神。

【教学反思】

这节课结合教学实践经验和充分的换位思考，精心预设了一系列既符合学生认知规律又顺应学生主流意识的问题，使整节课形成了一个环环相扣的思维链条。这不仅是因为数学的主题是“问题驱动学习”，更是因为“问题是数学的心脏”此外，还有一条主线贯穿了整个链条，那就是学生活动——学生多感官、多角度、多形式地参与知识发生、发展过程，老师绝不替代，努力把课堂还给学生，努力让课堂成为学生学习知识、增长智慧和累积积极心理体验的地方。

《梅涅劳斯定理》教学设计

【设计理念】

根据学生的认知能力和心理特点设计本节课的教学，教师创设情境、引导学生发挥学习的主动性和能动性，在课堂教学中激发学生的学习兴趣和学习热情，引导学生探寻定理中比例线段的写法、定理证明和应用。

1. 创设情境：激发学生的学习兴趣和热情，充分调动学生的积极性。

2. 做好知识点铺垫：介绍线段的内分点、外分点，以便在教学中引导学生找寻定理中用到的比例线段，提升理解、领悟能力。

3. 整合教学：在学习了平行线分线段成比例定理以及面积法的基础上引导学生对定理及逆定理进行证明、应用。

【教学内容】

内容及地位：本课是学生在学习了平行线分线段成比例之后的竞赛拓展课，在证明三点共线的数学竞赛题中应用较广。

【教学目标】

知识与能力：熟练应用平行线分线段成比例定理，掌握梅氏定理的多种证明方法与应用。

过程与方法：在平行线分线段成比例定理的基础上，介绍线段的内分点与外分点，引导学生发现、探究梅氏定理的多种证明方法与简单应用，提升学生求新求异的发散思维。

情感、态度与价值观：学生在探究梅氏定理的证明过程中，体会数学中的文字语言、图形语言、符号语言的魅力。

【重点】找到梅氏三角形、梅氏直线，正确使用梅氏定理。

【难点】乘积等式中比例线段的正确书写、梅氏定理的应用。

【教学方法】目标教学法。

【教学过程】

一、创设情境，导入新课

写简谱： 1=♭B 4/4　　$\underline{3\,5}\ \underline{\dot{1}\,6}\ 5\ -\ |\ \underline{3\,5}\ \underline{6\,\dot{1}}\ 5\ -\ |$

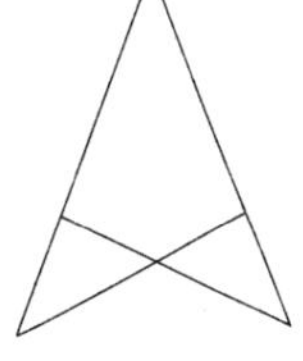

找一名学生唱，让其他同学猜一猜是什么歌曲的一部分。（《小燕子》）

提出问题：谁能用尽可能少的线段画出一个小燕子的大致图像？

（从中找出一个可用于梅氏定理学习的图形）

设计意图：营造愉快氛围，让学生熟悉梅氏定理的基本图形。

学习新课：把上面的图形改变一下方向，或者把线段的角度加以调整，得到如下图形：

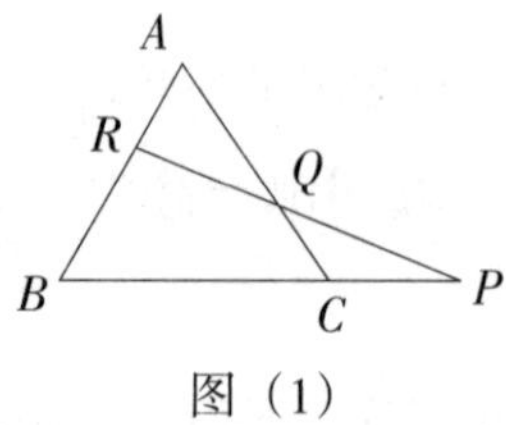

图（1）

把图（1）稍作改动，可以认为是一个三角形被一条不过三角形任何一个顶点，也不与三角形任何一条边平行的直线所截，这条直线或者与三角形的两条边以及另一边的延长线相交，或者与三角形三条边的延长线都相交，如图（2）、图（3）所示。也可以说，直线与三角形的边有偶数（0或2）个交点，当然也就与三角形的延长线有奇数（3或1）个交点。今天我们要学习的梅涅劳斯定理就是要研究这样的基本图形。

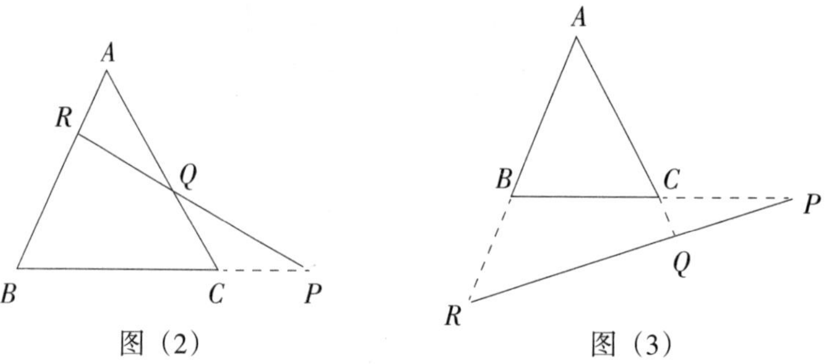

图（2）　　图（3）

梅涅劳斯定理：如图（2）、图（3）所示，在ΔABC三边BC、CA、AB上［或它（它们）的延长线上］相应地各取一点P、Q、R，如果P、Q、R三点共线，那么，$\frac{BP}{PC}\cdot\frac{CQ}{QA}\cdot\frac{AR}{RB}=1$。

请大家试着证明梅涅劳斯定理，提示：可以使用平行线分线段成比例定理、面积法（共边定理、共角定理）等，方法越多越好。

（学生先自己思考三分钟，然后分组交流、探究、选派学生讲解，估计学生可能用两种方法证出来，教师可以补充其他证明方法）

设计意图：做好知识铺垫，引导学生使用多种方法证明，锻炼学生独立思考、合作探究的能力，培养学生的发散思维。

二、梅涅劳斯定理的结论中比例线段的寻找和写法

（1）确定梅氏三角形。

（2）确定梅氏直线。

知识拓展，课堂延伸：

我们把图（1）中的点C叫作线段BP的内分点，把点P叫作线段BC的外分点（简单理解成内分点在线段上，外分点在线段的延长线上，暂时不考虑方向）。

（3）如何正确写出梅氏定理等式中各条比例线段（注意线段的端点顺序）。

设计意图：锻炼学生的理解、观察和领悟能力。

三、请你说出梅涅劳斯定理的逆命题，结合梅氏定理的证明，说明其逆命题是否成立（若成立，称为梅氏定理逆定理）

学生活动：

分组讨论梅涅劳斯定理逆命题的证明，并选派学生讲解。

设计意图：锻炼学生的逆向思维与推导、证明能力。

四、例题

例1：如图，ΔABC中，$\angle ACB=90°$，$AC=BC$，AM为BC边上的中线，$CD\perp AM$于D，CD的延长线交AB于点E，求$AE:EB$。

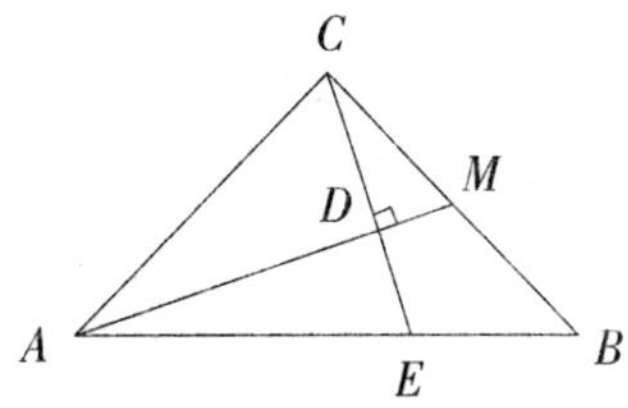

例2：证明：不等边三角形的三个角的外角平分线与对边的交点是共线的三点。

已知：如图，AF、BE、CD是三角形ABC的三条外角平分线，分别与对边延长线交于F、E、D。求证：D、E、F三点共线。

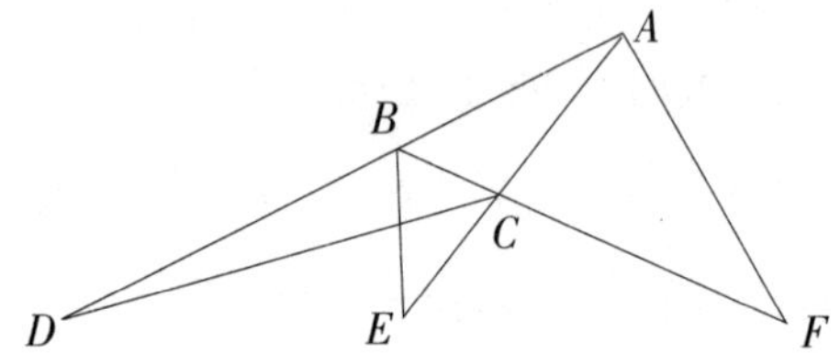

设计意图：例1是梅氏定理的简单应用，例2为一道综合应用的题目，结合外角角平分线性质定理，应用梅氏定理证明三点共线。

【目标检测】

练习：已知AD是ΔABC的高，且$BD=3$，$CD=1$，作$DE\perp AB$于点E，$DF\perp AC$于点F，连接EF并延长，交BC的延长线于点G，求CG。

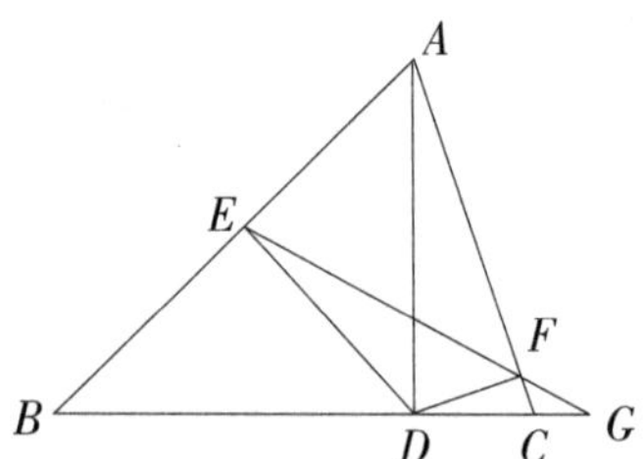

试题分析：本题是二次梅氏定理的应用，关键是要选择恰当的梅氏三角形和梅氏直线，培养学生善于观察、灵活运用知识点的能力。

【板书设计】

梅涅劳斯定理

梅涅劳斯定理　　　　（强调　梅氏三角形、梅氏直线）

梅涅劳斯定理的逆定理

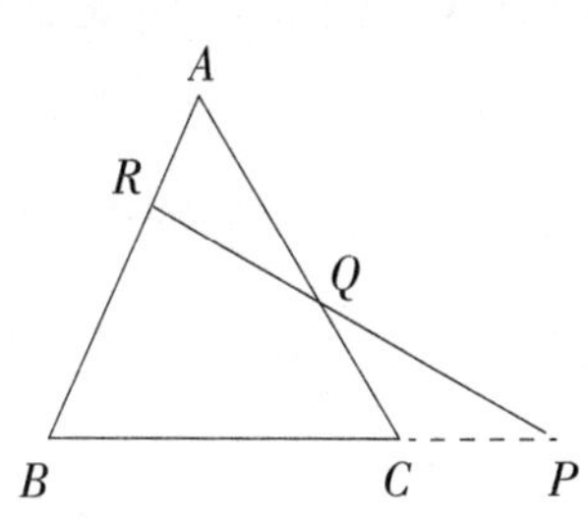

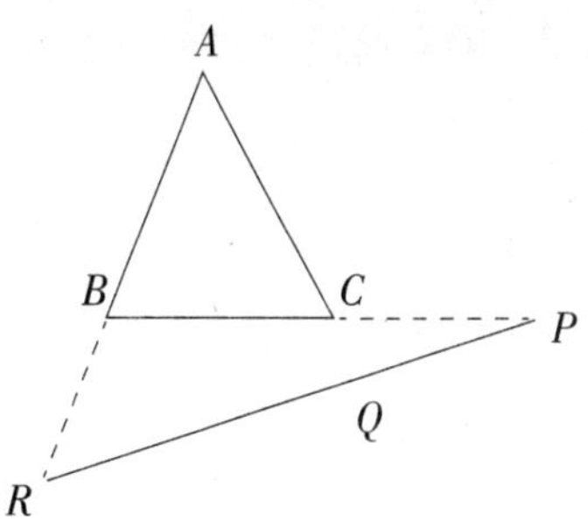

梅涅劳斯定理的证明

平行线辅助法　　　　　　　　　　　　练习

面积法（共边定理）

（共角定理）

设计意图：板书体现知识框架、数学思想方法

【教学反思】

本节教学设计以培养学生的观察、思考能力为核心，以探究梅氏定理的证明与应用为目的，以学过的平行线分线段成比例以及面积法为基础，体现学生的主体性，锻炼学生的推导、交流、表达与数学应用能力。

课前，我预料到在写比例线段乘积时，无论我如何引导学生：写出的任何一条线段都不是梅氏三角形的任意一条边长，在运用时都有学生写错或说错，结果确实如此，我能理解学生接受新事物时需要一个过程，所以在今后的授课中还要再强调所要强调的内容，要有更大的耐心让更多的学生学会怎样理解老师强调的话、写好定理或逆定理中的等式。

“7A Unit 6 Visiting Shanghai”教学设计

【设计理念】

从三个维度着手，进行语言的教学：

第一维度：语言知识的获取

第二维度：语言在具体语境下的运用

第三维度：通过语言承载的信息，对语言文化的摄取

【教学内容】

内容及地位：Visiting Shanghai 选自上海教育出版社七年级上英语第三模块第六单元Travelling around Asia的第一课时。本单元以“走遍亚洲”为话题，以城市介绍为主线。本课时是有关上海城市风光的介绍，了解上海的城市面貌和著名景点，从而对上海有一个总体的印象，并能制作一份简要的城市游览计划。

【教学目标】

知识与能力：认读理解单词centre，building... 和地点名词the People’s Square...，了解文章大意。

过程与方法：运用图片和图片说明介绍上海的三处景点。通过图片和不同形式的问题的处理，使学生了解阅读篇章的内容。

情感、态度与价值观：通过对三个景点的拓展介绍和对上海的趣闻性知识问答，激发学生对上海历史、文化等方面的兴趣。

【重难点】

教学重点：借助对新单词的认知，深度理解文章大意。

教学难点：用英语介绍一个景点。

【教学方法】任务型教学法　情景教学法

【教学过程】

Ⅰ. 创设情境，导入新课

展示与上海历史、地理、文化和自然有关的图片。

针对每个图片提出与上海相关的问题。

设计意图：通过对图片的观赏，激发学生对即将学习的话题的兴趣，并通过感性的方式渗透有关上海的历史、地理和文化知识，并引导学生领略一个城市的美。

Ⅱ. 学习新课，获取新知

1. 教授著名景点的英文表达，做到识读无误。

景点名称：the people’s square，the Bund，Yu Garden ...

设计意图：地点名词属于专有名词，专有名词的识记难度相对较大，而这些地点在课文学习中又占据重要的位置，这些地名掌握与否会直接影响对课文的理解。所以采用了通过图片直接呈现地名，然后再看图说地名的方式帮助学生熟悉了解这些地点，为后文学习奠定基础。

2. 泛读课文，掌握三大景点的基本信息。

（1）阅读课文，展现景点描述的关键词。

（2）总结归纳景点主要信息。

设计意图：实现信息的再现，并借助图片使学生对这三个地点有更形象化的了解。帮助学生对所了解到的文章信息进行简单的巩固和熟悉，锻炼学生的思维和表达能力。

3. 精读课文，掌握细节信息。

播放课前制作的有关三个景点的视频。

就视频内容提出相关问题。

设计意图：视频内容既展现了教材里的部分内容，也补充了一部分教材中没有的内容，通过这种重现和补充，可以帮助学生立足教材，又超越教材，拓展思维，进而帮助学生对课本内容有更深入更生动的理解，突破教学难点，并从历史发展的角度，在学生的头脑中展现一个更栩栩如生的大上海。

Ⅲ. 学生活动

合作完成“My Favorite Places of Interest”

设计意图：为帮助学生更深入地了解对景点的介绍方式，教师提供了另外几个景点的介绍，学生通过对多篇类似文章的阅读，已经初步掌握了对城市景点风光介绍的基本方式，在此基础上学生根据教师给出的格式进行总结归纳，对自己喜欢的景点进行介绍，并通过两人对话展现出来，从而突破教学难点。

引导学生从地理、人口、文化、教育等方面对上海进行了解，激发学生对这个城市的认识的热情。

Ⅳ. 课堂小结，巩固提升

以三大景点为主线，结合板书重现景点的重要信息，用优美的语言为学生描绘出让人向往的旅游胜地，并引导学生在游览中对自然、文化和历史的关注和赏析。

设计意图：利用板书总结，帮助学生梳理知识，并提升理解，将游览的本质意义升华为对自然、历史和文化的赏析。

【板书设计】

Unit 6 Visiting Shanghai

People's Square: large famous grand ——nature

The Bund: old new modern tall ——history

Yu Garden: traditional natural beautiful different ——culture

设计意图：教学的核心内容要通过板书来展现，它需要兼具基本知识和升华内容，同时又要简洁明了，能帮助学生回顾所学知识。

【教学反思】

本节课我将自己的课堂重点设置为借助对新单词的认知，深度理解文章大意。难点确定为使用英语向他人介绍一处景点。通过对本课的学习，激发学生对其他城市和地点认识的热情。

一、课堂教学应该考虑的第一要素是什么？

在以往教学中，我首先考虑的是教材的内容、大纲的侧重，然后根据自己的风格来设计课堂。通过这次备课活动，我更深刻地意识到，成功的课堂首要考虑的要素就是学生。一堂游离在学生实际之外的课堂，不管形式多么新颖，设计多么有深度，只要偏离了学生的实际，就只能是水中月、镜中花，中看不中用。所以透彻地研究学生就成为课堂设计的核心，也就是第一需要考虑的要素。

二、英语课堂到底应该是围绕文本还是超越文本?

在这次课的展示过程中，我遭遇到了对英语教学两种完全不同的思路：一则：英语教学务求扎实，不可脱离文本、好高骛远。二则：英语教学要先始于文本，而后走出文本。对于这两种思路的科学性，我认为无法直接用是非来判断，因为对待事物我们需要用发展的观点来看待，用科学的方法去分析。因而，当近距离地思考这两种思想的时候，我认为首先应以学生为核心。其次，以教育的目的为标准进行权衡。孔子提倡有教无类，更提倡因材施教，我们不得不承认任何一个学科都有更适合的人群，因而，学生的资质高低、基础薄厚决定着采取何种教学方法。但同时任何一种语言的习得都遵循着同样的规律，那就是在大量的听、读输入之后，达到质变的节点时，才能产生更高水平的输出。在这一过程中重要的事情并不是产生质变的刹那，而是之前的量的积累。这样大的积累需要广博的阅读和消化，这无疑是要突破教材文本的局限的。

总之，对于英语教学的思路或理念在随着时间的推移也不断地有着新的诠释，这就是发展。但是，无论如何发展，以学生为本的思想不能变，这才是根本。

Unit 6 Uisiting Shanghai教学流程图

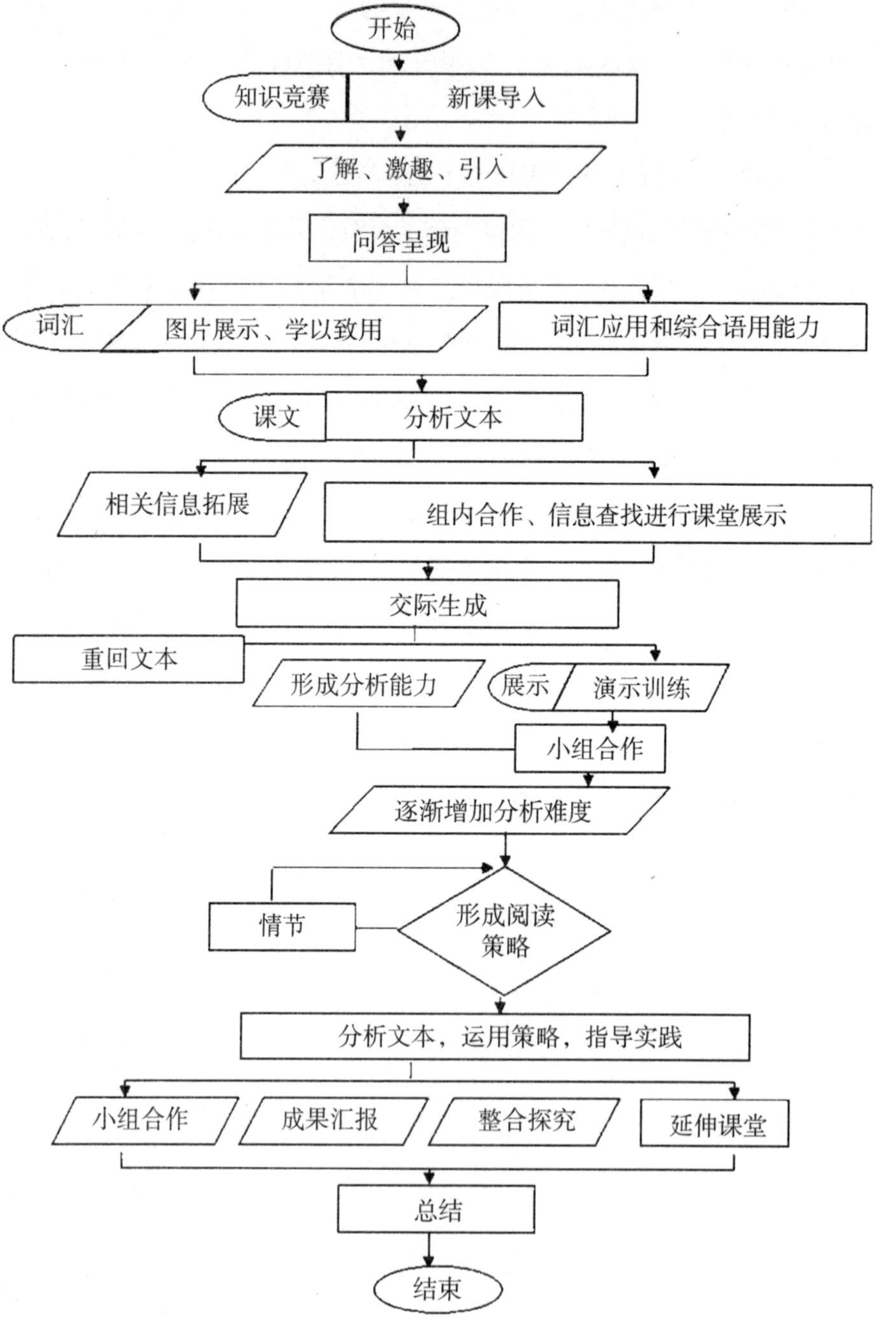

开始

知识竞赛 新课导入

了解、激趣、引入

问答呈现

词汇 图片展示、学以致用

词汇应用和综合语用能力

课文 分析文本

相关信息拓展

组内合作、信息查找进行课堂展示

交际生成

重回文本

形成分析能力

展示 演示训练

小组合作

逐渐增加分析难度

情节

形成阅读策略

分析文本，运用策略，指导实践

小组合作

成果汇报

整合探究

延伸课堂

总结

结束

“法语问路与指路专题会话集”教学设计

【设计理念】

根据《外语新课程标准》中所倡导的“优化外语学习方法，加强对学生学习策略的指导，为他们终身学习奠定基础”，并结合法语学科核心素养。

1. 亲近法国文化，掌握地道法语，在课上进行文化教学

培养学生多元文化意识，能够在简单的跨文化情境中进行沟通与协作，注重文化和语言的联系，不断地把学生引入法语语境中去。

2. 身临其境运用法语，培养学生的口语表达能力

指导学生掌握听、说、读、写、译五个方面的基本技能，并能在日常生活和学习的具体语言情境中比较灵活地应用，使学生能够根据交际情境和交际意图，综合运用法语语言知识进行有效的交际。

3. 以学生为主体的教学，设计情景指导学生运用所学句型

通过在学校的法语学习和相关课外活动，学生掌握法语学习策略，逐步形成自主学习意识和主动探究的兴趣，养成自我管理习惯，懂得和他人开展交流、协作或合作，共同完成学习或研究任务的能力，为实现终身学习法语或其他外语语种的目标打下基础。

【教学内容】

本篇对话的核心教学内容是“问路与指路”，通过陌生人的问答设置了一个问路的情景，由此引出了法语句型表达：如何问路，应用礼貌用语；如何准确指路。本篇对话不仅巩固本课所学语音知识，而且是对本课第一篇对话的扩展和延续，是本课的重点教学内容，在整本教材中也起到了承前“复习前面语音知识和语言表达方式”，启后“作为后面课文句型表达方式基础”的重要作用。从素质教育的要求和学习语言的目的看，语言教学应重视培养学生运用法语进行交际的能力，培养学生的口语表达能力，体现法语教学准确性和实践性。本课的内容很贴近学生的生活实际，容易激发学生学习

兴趣，为形成综合语言运用能力，实现真实语言交际打基础。

【教学目标】

知识与能力：

1. 学生能够听懂本对话录音，模仿、跟读、朗读、背诵；

2. 学生掌握新单词、新句型及本课对话的法语表达，为实现自如讲法语奠定基础；

3. 能够将“问路与指路”句型应用到实际情景中，正确问路，准确指路。

过程与方法：

1. 用多媒体图片，介绍句型表达，引出本课内容；

2. 通过练习，掌握问路与指路句型的用法；

3. 师生之间就本对话内容而展开的问答，练习指路；

4. 根据地图，创造性地自编对话。

情感、态度与价值观：

1. 培养学生乐于助人的品德；

2. 通过实际应用，使学生爱学法语、爱说法语、想说法语，对法语学习投以极大的兴趣和热情。

【重难点】

教学重点：

1. 指导学生掌握和熟练运用“问路与指路”句型表达，如Où est...? / Où se trouve...? allez tout droit，tournez à gauche，tournez à droite，prenez la... rue à gauche / à droite。

2. 指导学生口头熟练表达就“问路与指路”话题展开对话内容。

3. 结合地图和实际情境自如对话，对“问路与指路”话题实际应用。

教学难点：

学生根据实际情境需要自如地用法语指路。

【教学方法】

为了充分以学生为主体的课堂教学，培养学生的情感，激发兴趣，改变传统外语学习的死记硬背，积极主动地投入到语言的实践中去，包括听、说、读、写的实践。在实践中提高语言的综合使用能力，加深对基础知识的掌握和记忆。

1. 视听法

根据初学者的心理特点，起始阶段的教学要从视听说入手，在听中感知，在听中模仿，在听中学习。

2. 任务型教学

“外语课程标准”倡导任务型的教学途径。所以本节课教学中将“任务”这一概念贯穿于始终，引导学生思考，积极完成任务，培养学生的自主性和创新意识。师生完全可以根据地图上不同的位置展开“问路与指路”对话，这种教法是实现语言知识向语言能力转变的必经之路。

3. 情境教学法：创设情景，结合实际情境自如对话，对“问路与指路”话题实际应用。

【教学过程】

设计前的思考：

什么情况下，学生学得最好？怎样能达到高效性的学习、发展性的课堂？

课前：唱歌曲《Frère Jacques》(法语版《两只老虎》)作为热身运动。

一、温故

口语训练：根据图片、提示词及老师的描述，在问答中猜词。复习所讲建筑物词汇和句型“Qu’est-ce que c’est? C’est un\une...”，练习听说和表达能力，来减轻学生学习的紧张气氛以及令学生轻松地来到法语课堂上来。

教师与某学生先示范对话，同学之间模仿，进行一问一答。

A: Qu' est-ce que c'est?

B: C' est un\une...

设计意图：什么情况下，学生学得最好？当学生的身心处于最佳的状态时，渐入法语情景，他们学得最好！

二、知新

1. 设置情景，引出问路句型：Où est...? /Où se trouve...? 根据图片建筑物练习此句型。

2. 根据图片指示标志和动画，引出指路句型：allez tout droit，tournez à gauche，tournez à droite，prenez la... rue à gauche / à droite

设计意图：什么情况下，学生学得最好？当学习内容可以激发学生浓厚的学习兴趣和强烈的求知欲时，他们学得最好！

3. 呈现新知.

“问路和指路”句型如何应用，引出新课文进行教学。

（1）听课文录音，第一遍听音不翻开书，尝试听音，体会“问路和指路”句型应用；第二遍翻开书，仔细听音，注意语音语调；讲解朗读时需注意的句子的语音语调；讲解发音应注意的单词。

nation → [na-sjɔ̃]

deuxième → [dø-zjɛm]

loin → [lwɛ̃]；第三遍跟读，注音模仿。

（2）分角色朗读，同座两人一组自由朗读；集体朗读，全体男同学扮演李明，全体女同学扮演女士；找两组同学朗读展示。

（注：本阶段仍处于语音学习阶段，所以着重听音，跟读，朗读）

设计意图：什么情况下，学生学得最好？当学生遭遇到理智的挑战时，他们学得最好！

（3）讲解本课知识要点：

a. 问路时应注意的礼貌用语，根据图片提示练习句型，同桌两个同学互相问答。

Pardon，madame，où est/se trouve...，s'il vous plaît?

monsieur

mademoiselle

Merci beaucoup.

Je vous en prie.

b. 讲解生词continuer的用法。

marcher → s'arrêter → continuer à marcher

iv 表达 - C'est loin?

- Non，c'est tout près.　　　C'est loin. ≠ C'est tout près.

c. 根据老师绘制的课文地图说一说：还有其他路线吗？怎么走？使学生练习指路表达方式。

设计意图：什么情况下，学生学得最好？当教学内容能够用多种形式来呈现时，他们学得最好！

【目标检测】

情景交际操练：

在学生对课文内容掌握理解的基础上，两个同学为一组根据地图问路分角色自由对话，让学生人人都开口说法语，并且培养学生的自主能力和创新能力。

问路内容为中法两个著名建筑物。

a. Où est/se trouve la Tour Eiffel？第一张地图问：去艾菲尔铁塔怎么走。

b. Où est/se trouve la place Tian An Men？第二张地图问：去天安门广

场怎么走?

然后讨论，哪条路走近，哪条路走远。(C'est loin? ≠ C'est tout près?)

设计意图：什么情况下，学生学得最好？当学生有兴趣时，当学生能够学以致用时，当学生发现知识的个人意义时，他们学得最好！

【板书设计】

Leçon 7　C'est loin?

Dialogue B

1. -Pardon, madame, où est/se trouve..., s'il vous plaît?
monsieur
mademoiselle

- Merci beaucoup.

- Je vous en prie.

2. marcher → s'arrêter → continuer à marcher

3. Au bout (de la rue)

4. C'est loin. ≠ C'est tout près.

设计意图：1. 概括性：句型表达框架，可根据实际情景变换；

2. 指导性：指导学生更好地掌握本课“问路与指路”句型表达；

3. 艺术性：用大括号的方式，清晰明朗地体现重点知识。

【教学反思】

法语学习不仅仅是一种知识性学习，更多是一种能力的培养。从语言训练角度来说，要培养的是听、说、读、写的能力；从人文培养来说，要培养孩子感知和思辨的能力。要实现这个目标最有效的方法应该就是情境式教学，给学生们创设真实的情境，让学生在真实的情境中发生学习，让法语课堂活起来、动起来。因此，在设计本课对话型课文时，学生要能够根据交际情境和交际意图，综合运用法语语言知识进行有效的交际：通过听和读，很好地理解话语或文本蕴含的意图、观点和情感；借助说和写，很好地传递信息，表达自己的意图、观点和情感；在此过程中，通过体会法语语感，领悟法语的基本属性，了解语言的多样性和学习外语的重要性。最终，在绚丽多彩的生活中用法语，使法语真正走进每一个学生的生活，使每一个学生真正爱上法语。

“北京ダック”教学设计

——《中日交流标准日本语》初级下册第34课

应用课文

设计理念：日语作为一门第二外语在学生的初中学段出现，既要在课堂上实现学生语言的听说读写等方面的素养提升，更要求教师引导学生以语言为桥梁，提升看世界的广度和深度。本课中教师要引导学生响应习主席的号召——厉行勤俭节约、反对铺张浪费。让学生明确日本人在节约粮食、不浪费食物方面已经走在了我们的前面。作为日语班的学生，不仅要学习日语这一门语言作为交流的工具，还要学习日本人在生活中的美德。

1. 构建互动课堂，提升日语学科听说能力。

教学过程中有师生之间、学生之间的互动，在学生表达自己的观点的时候，教师应尽可能地引导学生用日语进行表达，通过这样的练习过程，提升学生的日语听说能力。

2. 契合教学内容，发掘教育意义。

这一本《中日交流标准日本语》的教材，每一课都由基本课文的语法和应用课文的生活场景对话两部分构成，而生活场景对话既能巩固语法知识，又能激发学生思考。本课的对话背景是森（日本人）、小野（日本人）和小李（中国人）在餐馆吃北京烤鸭。在就餐过程中有美食，也有浪费（もったいない）。在出现点餐有剩余的时候，日本人和中国人不同的反应，折射出中日两国的国民在同一场景下，不同的思考方式和行为表现。此时需要日语教师结合个人阅历、社会风气等，引导学生完自己的的价值观。

3. 了解日本聚餐文化，思考中日两国人不同的消费观念。

日本人的聚餐多采取AA制的方式进行消费，并且在点餐的时候每一道菜也有几人份的标识或者推荐。因此在点餐时日本人就会商量餐食量并考虑到个人的消费能力。相对而言，中国人更多的还是一人请客众人食，通过数量和价格来体现诚意，而这种消费方式也是造成粮食浪费的重要原因之一。

教学内容

本课是《中日交流标准日本语》初级下册 第34课的应用课文。通过这一篇在餐厅就餐的日常对话，需要巩固的新语法点有「てあります」「ておきます」「てみます」「ために」四项，需要学生和教师从「もったいない」（浪费）、「持ち帰り」（打包）两个词中，挖掘出课文反映出的中国就餐文化中的陋习。

教学目标

知识与能力：理解并会灵活运用新学习的「てあります」「ておきます」「てみます」「ために」四个语法项目。加深「もったいない」（浪费）这个词的印象，努力做到不「もったいない」（浪费）。

过程与方法：通过诵读和分角色朗读的方式，理解对话内容，强化语法能力。通过翻译句子，检验语法掌握程度，进一步巩固语法能力。通过提问以及讨论的方式，探究中日在饮食文化中的差异，主要是探讨珍惜粮食和聚餐消费方式的不同，并总结我们作为中学生能够做到的重点。

情感、态度与价值观：学生在讨论与倾听的过程中，认识到勤俭的必要性，真正从内心感受到以俭为美。引导学生关注到日本国民的优秀国民特质（本课中是不浪费粮食），取长补短，树立更完善的个人价值观。

重难点：新授语法的巩固，以及讨论过程中新单词的积累。

教学方法：以学生为主体，通过教师抛出问题、学生讨论、学生总结、教师补充总结的方式，加深语法项目的理解，加深对节约粮食的认识。

教学过程

学生朗读对话，理解内容。

学生朗读教材，理解对话内容，加深对语法知识的理解。

设计意图：提升日语朗读能力，创设日语表达环境，强化对日语新授语法的理解。

教师给出图片，学生翻译句子，检验新学语法点。

教师给出一张聚餐吃烤鸭的图片，图片中要体现出人不多，菜丰盛。同时，就该图片内容，教师给出4个与饮食或就餐相关的汉语句子，要求学生用新学习到的语法点，将句子翻译成日语。

句子1　桌上摆放着北京烤鸭等诸多美食。（「てあります」並べる/並ぶ）

参考翻译　机の上に北京ダックなどのおいしい料理が並べてあります。

句子2　还点好了地产的白酒和啤酒。（「ておきます」注文する）

参考翻译　地元のお酒とビールも注文しておきました。

句子3　日本人森尝试喝了一口38度的中国白酒。（「てみます」）

参考翻译　日本人の森さんは38度の中国のお酒を一口飲んでみました。

句子4　为了欢迎小野，买了鲜花。（「ために」）

参考翻译 小野さんを歓迎するために、きれいな花を買っておきました。

设计意图：检验新授语法掌握程度，并为后面的节约粮食主题做好铺垫。

分角色朗读对话，找出关键词或句。

通过自我推荐的方式，由三名学生进行对话的分角色朗读，每一名学生在听学生朗读对话时，要找到其可能存在的发音问题，找出感兴趣或者印象深刻的单词和句子。

教师就学生找到的单词和句子进行强化训练和总结，并说出教师感兴趣的单词是「もったいない」(浪费）和「持ち帰り」(打包)。

设计意图：

进一步帮助学生提高日语发音表达能力，加深对新学单词的理解与记忆。为下面的讨论做好铺垫。

关于在对话中日本人用到的「もったいない」(浪费）和中国人用到的「持ち帰り」(打包）这两个词，进行讨论。

学生活动：分小组讨论如下几个问题，并总结后由小组代表发言。

①小野さんは「もったいないですね。」と言いましたが、それはなぜでしょうか。

②李さんは「じゃあ、持ち帰りにしましょう。」と言いましたが、それで もったいなくないでしょうか。

③君は友達や家族といっしょにレストランで食事をする時、どのぐらい料理を注文しますか。どうしてですか。

④友達をレストランでご馳走する時、注文した料理を全部食べらて、残りがちっともないと気持ちはどうなりますか。嬉しいでしょうか。恥ずかしいでしょうか。

⑤学校の食堂で食事をする時、買った料理を口に合わなくても全部食べますか。君の友達はそういう場合どうしますか。

教师活动：在各小组间走动，学生遇到不明确的单词或句型时及时给出指导。

设计意图：

通过讨论与总结的方式，提升日语口语表达能力，意识到在节约粮食方面我们与日本国民还有差距。

课堂小结：

教师进一步归纳总结学生发言，得出节约粮食是美德，浪费粮食可耻的结论。

教师补充日本人聚餐时的点菜及买单方式，帮助学生了解日本人的聚餐文化。

设计意图：

帮助学生从课文日常对话的小细节中，体会中日两国的国民在生活中的细节差异，以及背后隐含的国民价值观差异。

板书设计

文法の復習	新しい単語や印象深い単語	討論と発表
訳文1	○○○○	食べ物を大切に
訳文2	○○○○	まずくても食べて
訳文3	○○○○	残りなし万歳
訳文4	もったいない/持ち帰り	日本人の長所を学びましょう

教学反思

本课作为应用课文的第一课时，在课堂内容上既要巩固语法知识，又要就课文隐含的教育意义进行挖掘，因此导致学生的问题讨论时间不够充分，下一次要把夯实语法这一环节的时间再缩短一些。

/第三节/
特色活动　助力特长

托尔斯泰说过，成功的教学不是强制，而是激发学生的兴趣。尤其现在学生的学习已不只是学习知识和技能，而是将知识作为解决问题、与人交往的工具。反观传统的课堂教学，那种过于强调传授、注重答案唯一、与生活严重脱节的教学内容，已经越来越不能适应新课标的要求。因此，以问题为载体，以学生自主参与为主，为学生提供充分发展学习空间的一种新型活动，课程学科拓展活动课程应运而生了。学科拓展活动是结合课堂所学知识，通过一系列活动的设计，加强对教学内容的深入理解，在深度和广度上开拓学生思维，培养学生的探究意识和兴趣；与生活紧密结合，在认识问题和解决问题的能力上得到提高，助力学生均衡而有个性地发展。

一、学科活动月让学生在玩中学

学科活动月是特长教育在学科拓展方面的一大亮点。4月数学文化节、5月外语活动月等，主题鲜明，内容丰富，有创意，效果好。拓展活动重视与知识与生活的紧密结合，重视学生个体的经历和体验，挖掘学生个性潜能发展的生长点。特长教育的学科拓展活动成了提高学科教学效果的有效途径，开展达16年之久，深受学生喜欢。如数学文化节让数学更美妙。16年间，每逢芳菲竞妍的4月，校园里到处洋溢着浓浓的数学文化节的气息——介绍活动细则的五彩海报、各学年板报栏里学生精心制作的数学文化节专栏，以及学生的文化节作品选展等随处可见。

16年间，我们的数学文化节逐渐成熟，并创设了自己的标志——乘着

“S”（数）“X”（学）的翅膀飞翔，有了自己的活动宗旨——感受数学文化魅力，提升数学文化素养，也有了其活动的意义——数学文化改变人类生活。

16年间，东北师范大学出版社发行的《数学学习》杂志曾专门介绍了我校的情况，并为我们的数学文化节开设专栏，连续刊登我们学生的获奖作品。

16年间，“数学文化漫谈”不仅有我校资深教师与学生的互动交流，还荣幸地请来了北京师范大学数学系博士生导师刘来福教授，为我们做《数学与生活》的讲座，让学生在与名家名师的互动中增长知识、提高素养，感悟数学魅力、领悟数学思想。

每年5月份都会举行“外语活动月”，有适合各学年、各语种的特色活动。如外语书写大赛，旨在贯彻落实新课标与核心素养，落实外语书写的教学目标，进一步加强对学生良好外语学习习惯的培养；提高口语表达能力的外语演讲比赛；有外教参与，克服开口难问题的外语角；有体现实力的外文歌王争霸赛；有高水平的配音比赛；有读原著、演原著、学语言、学文化的外语剧等。特色拓展活动形式多样，创意无限，学生在参与中发现了学科的魅力，产生了学习的兴趣，能力也得到了提升。

初一小陶同学回忆自己的参赛历程，感触颇多：“因为一时的兴起报名了英语配音大赛，其实我的英语成绩在班级中不是出类拔萃，但我觉得英语配音大赛是个蛮好玩的比赛，所以我就参与了。刚开始，我组织了班上的队伍。为了做好我们的第一个视频，我基本上每晚都熬夜到两三点才能睡觉，经过长时间的摸索，视频终于完善了，经过初赛，我们被选上了。队伍又整合，准备参加决赛。制作视频又落到我身上，没办法，又要熬夜，但是有了第一次的经验，在制作第二次影片《功夫熊猫》的时候，并没有遇到太大的困难，因为我们都是选择最优的参赛，所以经过紧张的排练，拿到了我们最好的效果。

“其实我觉得参加英语配音大赛就是一种经历，每一次经历都是生活给予的宝贵经验，是成长的必然。因为这是我们从未涉及过的方面，经过我们团队的不断摸索，纠正修改，再修改再纠正，我们拿出了我们最好的作品。虽然在台上只有短短的7分钟，但是在台下，我和我的队友们，随时都拿着我们的台词背诵着、练习着，我觉得我们努力了，也得到了、收获了。在参赛的过程中，我发现了自己英语方面的不足，借鉴到了他人的经验，这会使我在英语学习方面更加努力。

“这次比赛，让我觉得只要努力、用心就能做好一件事儿，无论结果如何，我们都收获了别人无法得到的宝贵经验。唯有不断地学习才能让我们更加成长。”

初二英语班参加法语朗读比赛的小翟同学赛后在感想中写道：“那时正值春天，当得知自己顺利通过班级初赛并获准加入法语朗读年组决赛时，心中的欢喜就似那窗外初发的绿般肆意流淌。和小伙伴们一起感受着法语诗中字里行间作者的浓浓的对大自然的爱，真的是一种享受。”

学科拓展活动中教师注重培养学生学科核心素养、自主探究与合作的习惯，留一定的时间和空间给学生思考、练习、合作交流，让学生有表现自己的机会。将课堂与生活连接，让知识与兴趣同行，使学生在参与中发现自我，发现新知，发现快乐！

附：第十六届数学文化节活动简介

活动一：全能数学思维王称霸赛

竞赛的内容是：经典名题，竞赛好题，智力趣题。分为个人赛、接力赛、团体赛三个环节进行比赛。

活动二：“数学文化”漫谈

周琳老师“数学的魅力”分别从数学的美、神秘、奇妙和几乎无所不能的作用方面展开阐述，带领学生进入一个引人入胜的数学世界；周丽光老师的“数学文化趣谈”向学生介绍欧拉公式、欧拉线、欧拉圆、勾股定理、平面直角坐标系等数学定理和概念，以及它们背后的数学家欧拉、毕达哥拉斯、笛卡尔等数学大师的传奇故事。

活动三：“数学史剧”演出

数学史剧《大哉言数》以穿越为背景，讲述了数学家纳皮尔使用大数的性质，为穷苦的人从富翁手中赢得了他毕生的财富。展示了对数的演变历史，让学生了解了纳皮尔是怎样开拓对数的新纪元。

活动四：“数学之道”传递

“莫比乌斯环与克莱因瓶”“说幻方”“说来说去行列式”“数学的起源与发展”“拓扑学与图论”“微积分在数学及生活中的应用”，让参与的学生一次次地感受了数学文化的博大与生动。

二、学科选修课让学生在兴趣中学

学科选修课内容在必修课的基础上进行必要的拓展或深化，使学校课程生机勃勃，充满活力，强化了学校课程与知识世界的动态联系，可以发展学生的技能、特长。开设不同类型的选修课适应学生的个别差异，赋予每个学生选择性发展的权利，引导和促进学生个性的生动发展、特长发展。

“魅力数学”是数学特长学生喜欢的一门选修课，其内容包括数学的起源、数学史上的重大事件、数学史与数学思想方法、初中数学中的数学史、数学史与科学史之相对论的世界。学生通过选修“魅力数学”，打开了一扇数学之窗，了解了数学文化、知晓了数学史实、领略了数学奇思妙解，增强了分析问题、解决问题能力。

而英语选修课“模拟联合国及商赛”通过模拟联合国，模拟商业，模拟法庭，模拟编辑部，模拟美式辩论，领导学院等新型模拟活动，让学生们在扮演中增强对国际化的理解，同时也教授如何借助语气、语言、语调、肢体等提升演讲的质量，培养学生的综合语言运用能力，公开发言和辩论的能力，解决冲突、求同存异的能力，运用英语的能力，与他人沟通交往、公共礼仪等多方面能力，拓展商业企划管理和营销，媒体运营、欧美法系和议会辩论等方面的国际视野，掌握初步国际准则，为AP等国际课程奠定基础。而优秀学生还可以参加国家级课题和国内外著名会议、活动，参与主办地区和全国活动的组委会成员选拔。课程对学生的吸引力极大，效果极佳。

附：“模拟联合国及商赛”内容

课时	主要内容
1	模拟联合国专项模块——规则模块
2	模拟联合国专项模块——写作模块
3	模拟联合国演讲模块——自我介绍1
4	模拟联合国演讲模块——自我介绍2
5	模拟联合国演讲模块——英语辩论中的表达1
6	模拟联合国演讲模块——英语辩论中的表达2
7	素质拓展模块——团队合作与有效沟通
8	国际观察模块——地理模块分析
9	国际观察模块——地理模块话题（中文）
10	国际观察模块——地理模块话题（英文）
11	国际观察模块——历史模块分析
12	国际观察模块——历史模块话题（中文）
13	国际观察模块——历史模块话题（英文）

续表

课时	主要内容
14	撰写立场文件（中文）
15	撰写立场文件（英文）

三、学法指导让学生更有学习力

新课程改革中教师、学生的角色发生了改变。教师是主导，学生才是课堂的主体。教师的任务应该是指导学生“学”，引导学生参与知识的形成过程，让学生在从已知到未知的学习过程中学会知识的迁移，学会思考，把知识学活进而形成技能，实现从“学会”到“会学”的转变。加强学法指导是现代教学的发展趋势之一。

学生从小学升入初中，课程的设置和要求有较大的变化，知识的难度增加，变得更加理论化、抽象化，学习方法上更注重培养学生学习的独立性、自主性。为让学生更好地适应初中的学习生活，学校通过不同的途径加强学法指导的研讨和渗透，组织教师进行关于学生自主学习策略的论坛，学科教学中在注重学生学会知识的同时使学生掌握获取知识的方法，促使学生能够把科学的学习方法运用于自身的学习实践，进而形成自主学习能力。定期组织学法指导讲座，通过师生对话、学长经验交流、教师答疑解惑等方式使学生能够针对具体的学习内容选择并运用恰当的学习方法，实现自我调节学习活动，主动学习，提高自身发展力和创造力，从而奠定终身学习的愿望和动力。

/第四节/
搭建平台　发展特长

作为优才教育示范学校，提高办学层次，为高校、国家培养输送优秀人才是我们义不容辞的使命。学科竞赛可以锻炼人的智力、意志，可以使学生获得更多的知识，培养对于该方面的兴趣和素养，有利于学生学会自主思考，锻炼独立解决问题的能力。学校的金牌振兴计划，为学生搭建了更大的舞台，很多学生在活动中获得了成功的体验，树立了应有的自信，同时也使自己的特长得以发挥和发展，对自身的全面发展起到积极的促进作用。

一、数学学科竞赛促进学生数学思维、创新能力发展

教师在数学课堂上普遍培养的前提下，对兴趣广泛、知识面较广，思路敏捷、反应迅速、领悟力强，求知欲强、有毅力的且成绩优秀的同学组成兴趣小组。有意识地在立足于课本知识，以教学大纲所明确的系统数学知识为载体，在巩固基础知识、优化知识结构的同时，为学生深刻领会、掌握和运用数学思想方法创设良好的情景，使他们具备学数学、用数学的习惯、意识和能力。进一步拓宽学生的知识面，提高他们对问题的分析、思考能力，充分发掘他们的潜能，逐步走上热爱数学且发展特长的道路。对有热情、有发展意向的学生进行竞赛辅导。在教师辅导的过程中，在教材的基础上加以延伸、拓宽，教给学生新的知识，适当地拓展深度。精讲赛题，启迪思维，设计专题训练，帮助学生掌握知识，增强解题能力，形成一定的数学思维和解题技巧。东北育才学校学生参加过的数学竞赛有：“走进美妙的数学花园”中国青少年数学论坛，简称“走进美妙的数学花园”，是一项综合性的数学

活动，它是中国少年科学院于2002年重点推出的素质教育和体验教育品牌活动。通过“趣味数学解题技能展示”“数学建模小论文答辩”“数学益智游戏”“团体对抗赛”等一系列丰富的活动极大地提高了学生的数学建模意识和数学应用能力。

希望杯数学邀请赛，“希望杯”邀请赛自1990年以来，已经连续举行了28届。主办单位始终坚持比赛面向多数学校、多数学生，从命题、评奖到组织工作的每个环节，都围绕着一个宗旨：激发广大中学生学习的兴趣，培养他们的自信，不断提高他们的能力和素质。“希望杯”全国数学邀请赛已经成为中学生中规模最大、影响最广的学科课外活动之一。

全国初中数学联赛，中国数学会举办，是群众性的数学课外活动，是大众化、普及型的数学竞赛，让更多学生都能发挥他们的聪明才智，培养兴趣，充分发掘他们学习上的潜力，调动学习数学的积极性。

数学大联盟杯赛，美国“数学大联盟杯赛”和斯坦福大学（Stanford University）合作，每年夏天在斯坦福大学联合举办美国“数学大联盟杯赛”中学组（6—12年级）决赛和数学夏令营，该项目正式命名为Stanford Math League Summer Tournament（斯坦福大学美国“数学大联盟杯赛”决赛和数学夏令营），同时它也是斯坦福大学SPCS的重要组成部分。该竞赛一直秉承创新的宗旨，致力于学生独立思考、科学探索、创造性地解决问题和创新思维能力的培养（Deep，critical thinking，problem solving，creative thinking，and curiosity）。其竞赛试题灵活、生动，富有趣味性和挑战性，同时也贴近生活。让学生理解数学、欣赏数学，激励学生创新，更能激发学生学习数学的兴趣，培养学生主动探索的精神。

在历年的数学竞赛活动中，学生报名积极，获奖人数多，数学特长班的学生尤为突出。引领学生参加各种数学赛事，让更多的学生在竞赛活动中获得成功的体验，找到自信。

二、外语学科竞赛促进学生综合语言能力的提高

外语特长班学生的语言学习在深度、广度方面有很大优势。学校利用各种学科竞赛，为学生搭建展示的舞台，提高学生外语的综合运用能力。

英语学科竞赛主要有“外研社杯”全国中小学生英语辩论赛、“21世纪杯”演讲比赛。“外研社杯”全国中小学生英语辩论赛是全国英语学科顶级综合竞赛。比赛由团队写作、团队展示和英文辩论三个部分组成。比赛以外语竞赛为特色，涵盖英语技能、数字化学习、科技英语教育等内容的综合性全方位展示，与一般语言类赛事不同，极具挑战性的团体赛制，不仅需要选手们拥有敏捷的思维、开阔的视野和过硬的语言能力，更需要每一个参赛者融入团队，形成合力。东北育才学校英语教育的精神即培养学生语言知识的同时更加强调学生的综合英语思辨力。带队老师和三位同学一直在一起，每天下午集训、磨合，沟通论点与表达方法，他们坚持不懈一个月的集训，英文辩论环节中，与队友一起，带队老师与她的辩手们共同参与团队写作、知识挑战赛、团队集体表演、团队辩论等多重考验，这是一次对选手英语能力、知识储备、思维深度的巨大挑战，他们展现了较强的思辨力与表达力，得到了评委老师和对方辩手的一致认可，他们出色的表现展现了学校对于英语学科综合培养的能力与精神，也赢得全国兄弟院校的一致肯定。

东北育才学校学生在2015年获得了“外研社杯”全国中小学生英语大赛团体挑战赛亚军，全国一等奖，李婷婷老师获得了优秀指导教师奖。林琬舒同学获得最佳表现奖。

“21世纪杯”演讲比赛是国家级的比赛，注重对学生的语言表达能力的考查，给了学生更大的展示舞台。学生的表达能力、批判性思维、国际视野有了更大的提高。英语演讲比赛的训练主要来自课前的duty report和演讲与

辩论选修课。每天英语课前的值日汇报给了学生充分的空间，学生可以任选话题，针对时事热点话题等进行观点陈述。演讲与辩论选修课专注小班授课，针对演讲技巧给予学生有针对性的指导。通过查找资料、课前展示，学生的学习能力不断提高。

日语班从初一下学期开始，在学生有一定的单词量和语法基础后，坚持让学生写演讲稿，做演讲，每学期每名学生有至少两次课前演讲的锻炼。多名学生经过校级比赛的历练，在高一或高二时参加沈阳市、辽宁省，乃至全国日语演讲比赛，获得前三名的成绩。日语外教和中教的配合教学，使得学生在听、说、读、写四个方面得以全面发展，有利于初三的学生在日本语能力测试中取得二级左右水平的证书。

在法语学习的过程中，教师鼓励学生把握机会，积极参加大型比赛或活动，大赛既为学生们提供很好的展现风采、挑战自我、发现不足、收获磨砺和经验的平台，也为促进学生法语学习、进一步提高带来更清晰的目标和更大的动力。

／第三章／

讲述优才成长的故事

30年，弹指一挥间，从20世纪80年代起，东北育才学校就在教育的道路上不断地探索钻研，东北育才学校找到了一条优才教育之路。到目前为止，东北育才学校培养了一批批优秀的人才，为时代的发展输送了新生力量。而在这几十年的光辉历程中，让我们难忘的不仅仅是一张张鲜活的面孔、一个个动人的故事，更让我们对优才教育有了更加深刻的领悟。

在育才园里，你会领略到特长学科教师的风采，了解他们在特殊人才培养方面独到的见解，感受到他们对学生深深的爱；你会感受到优秀人才背后的家长的教子之道，倾听他们讲述培养孩子的点点滴滴，顿悟为什么别人家的孩子会如此优秀；你会认识一群从育才走向世界的优秀学子，从他们的成长历程中去获得奋斗的力量、教育的智慧。

就是这样一群特长教育人，有的甘做优才教育的引路人，有的愿做优才教育的同行人，有的争做优才教育的传承人。而育才这艘中国教育改革的航船正因为有了他们的助力，才在教育的海洋中扬帆远航，继往开来！

/第一节/

教师篇　做优才教育的引路人

众所周知，教育的成败根本在于教师，对于一所学校而言，优秀的教师队伍就是学校发展的核心。而优才教育是在探索中前行，作为改革探索的前锋就是奋战在一线的特长学科的优秀教师。他们认真思考，摸索实践，团结作战，用汗水和智慧帮助育才走出了一条优才教育的康庄大道。

我校的特长学科教师初中学段主要包括：特长数学教师，综合数学教师，计算机竞赛教练员，特长英语教师，法语教师和日语教师，到了高中学段随着学科竞赛种类增多，还有物理、化学、生物和科技创新等竞赛教练员。这些教师来自全国各大高校，作为当初在校成绩的佼佼者，毕业后来到育才学校，在学校的大力支持下开始走上特长学科教育的探索之路。

首先，他们要解决教什么的困难。他们面临的培养对象是一群聪明可爱的孩子，要想使他们在某一方面杰出，教什么，用什么教材教是摆在他们面前的一个最现实的问题。但是国内还没有类似的教育实验，我们没有可供参考借鉴的教材，在这种情况下，他们决定自己编教材，制订教学计划，有的学科还需要大力引进国外的先进教材，根据学生的思维发展的特点进行螺旋式梯度教学，逐步提高学生的特长学科的知识水平和能力。在探索中实践，在实践中反思，在反思中改变，在改变中完善，就是这样一群教师历经几十年的奋斗，终于形成了今天特长学生培养的一套独特完善的优才授课系统。

其次，他们要解决怎么教的问题。特长学生的思维培养尤为重要，当时传统的课堂教学恰恰在这个方面存在很多不足，那么作为特长学科的教师如何开展教学，采用哪些教学方法才能更好地培养学生的学科思维和学科素养是摆在他们面前的又一个难题。他们为此经常展开广泛的教研和摸索，讨论、启发、合作、探究、翻转、实验等各种教学模式在特长学科的课堂上百花齐放，学生的思维也在多元的课堂模式和开放的课堂氛围中得到了最大化的发展。所以才有了育才历史上那么多优秀的学子在世界的舞台上大放异彩。

最后，他还要解决为什么教的问题。教育绝不是单纯地传授知识，我们培养的不是学习的高级机器，而是有血有肉、爱国感恩、不怕困难、勇于探索的人才，所以作为陪伴学生最久、最受学生欢迎的特长学科教师还肩负着塑造学生灵魂的重任。学生的头脑中有了知识，但是怎么用、如何用，知识可以给我们的社会和国家带来怎样的变革，这同样是特长学科教师要给学生们上好的必修课。

几十年来我校的特长学科教师队伍一直勇挑重担，奋战在优才教育的最前沿，而在这一章中你将会走近他们，聆听他们在教育之路的感人故事。

一、班主任　陪伴是最长情的告白

班主任是学校中全面负责一个班学生的思想、学习、健康和生活等工作的教师，他是一个班的组织者、领导者和教育者，也是一个班中全体任课教师教学、教育工作的协调者。特长教育的班主任早来晚走，兢兢业业，因为他们中的每个人都相信陪伴是最长情的告白。

崇学正行，立德树人

——做特长班学生前行路上的引路人

东北育才学校初中部，是育才精神的发源地。历经70载的风霜雨雪，传承着源源不断的红色基因，它始终以办人民满意学校为己任，在不断的教学探索中，形成了独具特色的特长学科教育模式。17年特长班的班主任工作生涯，学生们一直把我当成他们的知心朋友，而我就是他们前行路上的贴心伙伴。这些年来，我和这些"特殊"伙伴之间发生了许多小故事，这些故事中，也有我的一些教育感悟。

（一）笃诚尚教，崇学立威

万事开头难，尤其是面对特长学科的学生，一个良好的开端更为不易。还记得我刚刚参加工作——2002年秋天的一天，班级一个女生来找我问数学题。通过日常的了解，我发现这个女生很有个性，比如军训时就表现出她桀骜不驯的一面，经常不按规定完成指定动作，甚至有时还故意"为难"我。作为刚入职的新老师，面对学生的叛逆和质疑，我十分耐心，一直寻找合适的教育时机。所以，当我拿到她手里的这道题时，我不禁有点小激动，我记得这是一道俄罗斯的数学竞赛题，我心里也很清楚这是她对我教学能力的一次"挑战"。但她没想到，我很快就做出了解答，并用两种方法让她更深刻地理解题意。记得当时她脸上流露出惊讶和佩服的表情，随即脱口而出："老师您太厉害了！这道题竟然会做！"从此以后，在她的身上，似乎发生了"奇迹"，她再也没有质疑过我的能力，上课专心致志，甚至主动申请担任班干部，帮助我管理班级。

苏联教育学家苏霍姆林斯基曾说过："教育领域中最细致，而又最缺乏研究的一个问题，就是教师对学生的权威问题。"尤其是作为一名新班主任，如果学生从心底喜欢你、敬佩你，你对他提出的要求和建议他就会欣然接受；反之，如果学生对你产生质疑，班主任的工作效果就会大打折扣。那么如何树立教师的权威？"业精于勤，行成于思"。首先，作为一名新教师，尤其是特长学科班主任，要精通自己的教学业务，让学生佩服你的教学水平。其次，要做一个热爱生活、兴趣广泛的老师。请记住，比起刻板教条的"复读机"，学生更喜欢的是有血有肉的人。回归于自身，我喜欢写点打油诗，练练书法，拍拍照片，并愿意跟学生分享这一切，寓教于乐。归根结底，我喜欢这份教育人、塑造人的神圣职业，它已经变成我人生不可缺少的一部分，成为我毕生追求的事业！

（二）尊重差异，求同存异

"世界上没有两片完全相同的树叶，但是每一片叶子都有它的价值"。2018年初春的某天，我接到了一个在北京的学生的电话，热情地邀请我去北京旅游。打电话的学生名叫张唯佳，是我教过的06数1的一个女生。她原来是上一届数学班的学生，因为身体原因休学一年，初三的时候来到我班。以前在值周的时候，张唯佳给06数1班扣了许多分，06数1的许多孩子对她没有好感。而命运如此巧合，她恰恰被分到我们班。为了打消班级学生的顾虑，我事先开了一次班会，特意强调：当初张唯佳扣咱们班的分，是职责所在，也是我们自身存在不足。大家能聚到一起就是缘分，更何况她身体不好，大家应该多关心和帮助她。令我惊喜的是，班级有两个女生愿意主动帮助她尽快融入新的班集体，最终，张唯佳和06数1班的学生打成一片，高考以优异成绩考入中央财经大学，毕业后留校工作。

教育改革家李希贵先生在《面向个体的教育》一书中有这样一段话：“在原始森林中穿行，我们很容易被大自然的造化所震撼，可是当我们走出森林，让我们描述其中每一棵树的样子时，却常常语焉不详，因为我们心不在树木，满目不过一个壮阔的林子罢了。”特长班因为其班级属性的特殊，班级常常会有几个需要格外关注的学生，他们因为家庭、身体或性格种种原因显得与班级“常态”格格不入。特长班级的学生，这种分化更为明显。对于这些学生，班主任在立足整体的前提下，更应该尊重差异，因材施教。有时候，一个鼓励的眼神，一次推心置腹的长谈，可能会改变这个孩子的一生。班主任是孩子成长路上的师长，更是他们的朋友。诚然，班主任帮助这些孩子并不图什么回报，但你当初对这些孩子的付出，他们一定会铭记于心。所以接到张唯佳的电话后，我的心情久久不能平静，感动于学生的感恩，感慨于自己班主任工作的意义。我不去想，我是否能够成功，但既然选择了远方，便只顾风雨兼程！

（三）循循善诱，立德树人

“诚之所感，触处皆通”。田田从小由爷爷奶奶带大，缺少父母陪伴。小升初时他不想报数特，而父母却硬给他报了数学班，于是他用各种形式来表达不满。初一时，他经常不到校，即便到了学校，也不穿校服。初二时，我开始当他们班的班主任，第一周，他就没来学校，我采用“迂回”策略，通过他好朋友的劝说，他终于来上学了，但只是上午来听课，下午回家调整，在校仍旧不穿校服。后来，班级要轮到值周时，田田竟主动找到我说：“张老师，我想在东楼值周。”这个“异常”的举动引起了我的关注。经过调查，我了解到，原来，东楼有他的一个关系不错的学妹。于是我说：“可以，但你要改善一下你的发型和个人形象，穿校服。”他犹豫了片刻便答应了。在值周期间，他一直坚持穿校服，发型也有所改善。但好景不长，值完周了，他又把校服脱下来了。我只好寻找下一次机会。过了几周，学校开展读书报告会，他对清末历史颇有兴趣，他想报名参加。我就和他“谈条件”，要求他必须穿校服至少一个月。他这次不假思索地答应了，果然穿了一个月校服。习惯成自然，再后来，到了初三，就直接穿校服了。

国学大师南怀瑾先生曾说：“教育只是一个增上缘，老师尽量帮他，培养他，使他依靠自己的禀赋站起来，这是教育的目的。”因此，对于班主任，有时需要设置一些“诱导”，让孩子主动去改变，而不是在老师的强迫下去改，这样教育效果会更好。比如田田，第一次值周，校服穿上了；读书报告会，发型基本正常；入团后，对班级工作更热心了，经常主动打扫班级卫生。

教育，有时候也要适当地规劝。面对田田抵触数特班，不剪头发、不穿校服、不上晚自习，我并没有采取强硬规整，而是进行委婉的教育，用规劝的方式来帮助其改正错误。他不学特数，我就叫他学好普数；不穿校服，就通过“诱导”让他慢慢适应；不上晚自习，就告诉他要利用好下午自习，提高效率。在我规劝的同时，他也在不自觉地适应：特数有差距，但普数学的效果很好；衣服也由奇装异服到经常穿校服。

还记得初中毕业那天，田田穿着校服走出了校门。看到田田充满朝气的背影，我的心情格外舒畅。因为，校园里小池塘的水温、水深，与将来那个社会大海里的水温、水深越是接近，我们的孩子便越容易生存，有了规则意识，才更可能有顺畅的人生。

这就是我，一个特长学科班主任和特长班学生之间的故事。教育需要小火慢炖，成长必须慢慢拔节，特长学科的班主任工作充溢在教育教学的全过程，普照在每个不同个体学生的身心上。只有在内心不断坚守求同存异，崇学正行，我们才能够回归到教育规律的康庄大道上，走得自由，行得顺畅。

我深知，这条路还很漫长，我将继续做特长学科学生前行的引路人，乘风破浪，筑梦远航！

（张志军老师）

在山泉水清

——我眼中的特长生

东北育才，优才教育的摇篮。这里是无数学子梦寐以求的学习殿堂，青春学子的梦想从这里起航。而我有幸担任了11年的特长班班主任，亲身见证了他们的成长。

小阳是我教过的数学班的学生。高高的个子，浓密的黑发，不善言谈，坐在班级最后一排，腰板永远挺得笔直，好像是在部队训练过似的。记得第一次周练他考得并不理想，班级中等，这给他打击很大，要知道，他小学从没出过前三名。刚考完的几天，虽然他没找我倾诉什么，但从他的面部表情我能感知到，他很沮丧。但他的自我调整能力很强，不到一个星期，感觉像变了个人似的，上课听讲眼睛是发亮的，不仅紧跟老师的思路，而且还会提出很多有见解的问题。课下他也不闲着，只要有空，就拿道题上办公室问，有时还跟同学探讨，没用多久，我班后边的那些大个，在他的带动下，自觉组建了学习研讨队，平时合作探究学习，考试时互相竞争。我真没想到，这样一个不声不响的大男生，竟有如此高的人格魅力。

随着自己学习成绩的不断提高，小阳的总成绩在班级名列前茅，数学成绩尤为突出，他主动承担起了班级数学小老师的角色，自习课经常主动给全班同学讲题，这样一个不善言谈的人，讲起题来却头头是道，不仅思路清晰，而且能让全班同学乖乖听讲，没有一个调皮捣蛋的，这更加让我刮目相看。

学校里许多活动都很吸引学生的眼球，比如各种社团活动、计算机编程班、学科活动月等，小阳都敢于尝试，只要有活动他都积极参与，这些都激发了他学习的兴趣，培养和锻炼了他的胆识和能力。和刚开学来那个有些拘谨的小男孩比起来，真的已经是一个可以独当一面的大小伙子了。

育才的每一个孩子都很优秀，他们之间潜移默化地相互影响着，这也是我非常欣慰的一点。小阳的字不是很好看，有时甚至看不出来究竟写的是什么，当他看到身边的小梦同学的字以后，惭愧难当，下了决心向小梦同学学习，后来的字虽不及小梦同学，确实是工整秀气了很多。

数学班学生给我的总体感觉是爱学习、善学习、好钻研，每一个学生都是一个小宇宙，只要引导好，都会爆发出巨大的能量。

虽然只带过一届英语特长班，但英语特长班的同学给我留下了深刻印象。

小凡是那种不太张扬但私底下也能搞点小动作的孩子，他很聪明，对理科不太感冒，但尤其喜欢读书。

记得有一个周六，班内大部分同学都去参加英语五级考试去了，只有8名同学来上学，这课自然是不能上了，只能上自习，我给8个同学安排好任务后，回办公室待了5分钟，就又返回了班级，只见小凡正看课外书看得起劲呢，也许是刚看到精彩之处，我站在他面前他都没觉察，看他如此爱好读书，我并没有批评他，让他在下周午检找时间给大家做读书报告，介绍一本有意义的书。到了下一周午检，小凡果然很认真地给大家介绍了一本很好的书，得到全班同学的热烈欢迎，我也在全班同学面前表扬了他，但也给他提了一个要求，以后只要在课上或自习课看课外书，就得给大家做一次读书报告。这以后，小凡就不违规看课外书了，休息时间看的课外书也基本上是名著，而不是杂七杂八的了。

过了一段时间，有一天中午，小凡找到我，说给班级同学开了一个书目，想先让我审查一下，我一看，整整50本，本本是精品。随后，我告诉班级负责午检的同学，以后每周利用两个午检让同学做读书交流。这以后，班级掀起了读书的热潮，班级其他几个爱看课外书的同学也做得很好了。

小凡的书没有白读，毕业时，他送给我20万字的电子书，他自己写的，他告诉我，以后想成为一个专业作家。

后来，小凡考了一个很好的大学，由于学校要出一个优秀毕业生展板，我让小凡给写点什么，他从一个毕业生的角度，发自肺腑地谈了三点：

（一）听老师话

把听话放在第一位，其重要性是显而易见的。在现在这个阶段，老师的经验是最丰富的，会帮助你快速形成良好而规范的学习习惯，这样的习惯对未来高中、大学的学习都是极为有益的。要相信育才的老师都是最优秀最负责的，他们会在你的人生道路上为你不断指引方向。

（二）寻找理想

说过了实际的东西，接着该谈点理想信念了。“爱一行，干一行”总是要比“干一行，爱一行”要快乐，要充实。平时有时间可以多想想自己喜欢做什么，多和长辈沟通，在日后的人生道路上不忘初心，方得始终。

（三）培养兴趣

中学阶段课业压力还不是很重的时候，可以有意识培养自己的各方面兴趣。运动，读书，这些在以后会成为很好的降压手段。广泛的涉猎也会让你的人生更为丰富多彩。没有谁生下来就注定会考上清华北大，每个人都有机会，重要的是后天的努力。成功不会有固定的模式，但成功者身上总会有相似的品质。

相信经过自己的努力，会给自己拼下一个无憾的人生！

英语特长班的学生给我的总体感觉是思维活跃，有想法，重行动，高情商，个个是精英。

在山泉水清，选择了育才，就选择了优秀。特长班的学生承袭了育才人勤奋进取、严谨求实、文明活泼、创新高效的精神，用自己的努力和付出谱写着辉煌的篇章。我想把我最喜欢的一句话送给我特长班的孩子们：花开满地，香飘天宇，步履轻盈，脚踏实地。愿你们在未来：学习勤奋，工作务实，生活从容。

（王冰晶老师）

点染梦想

我在这里看着你，看你的稚嫩与懵懂；我在这里守望着你，守望着你的含苞与绽放；我在这里目送你，目送你搏击长空绘制人生的精彩。我点染你的成长之路，你点染着我的师者之梦。

在众多的弟子中，小Z是那个常常被我津津乐道的孩子。因为当小Z走进我的世界的时候，就给了大家太多的与众不同。开学初的自我介绍，在其他同学胆怯、观望和推诿中，他用一口流利且地道的英语完成；开学初班级工作，他以极高的热情投入——帮我发放新生材料、主动帮助扫除，不但如此，他还能主动安排班级事务……这一切都让我看到了作为一个孩子身上特有的积极与热情，也正是因为如此，他很快地获取了同学们的信任与敬重。随着时间的推移，小Z更像一道亮光耀眼在孩子们的心中。因为课堂上的小Z，一不小心就成主角。本以为只能在课堂上闪亮的书呆子小Z，竟然在运动会上俨然转身，成为长跑健将，站在最高的领奖台上，而这熠熠生辉的健将回到教室则又拿起拖布，细致地在擦拭地板上的灰尘。悄悄的，就有了很多的孩子尝试着走近小Z，力图去寻找蕴藏在这个孩子身上的种种神奇的缘由。只见课堂上的小Z，似乎永远向着一个方向，那就是有老师的方向，因为他的目光永远锁定在老师的脸上，因为他的表情只随老师课堂内容的变化而变化，因为他永远在念念有词，执着地回答老师的问题，不管是否老师提问了自己，不管问题的难度如何，于是孩子们懂了：小Z的身上有一种神奇叫专注，专注于和老师的互动，专注于知识的获取，专注于自我思维的锤炼。而那个站在最高领奖台上的运动健将为了准备这次运动会，坚持早晨跑步上学，晚上跑步放学回家。 正是这样的执着与坚持，正是这样的热爱与付出，让他拥有了众人的瞩目。还记得在他的经验交流会上，小Z拿出一摞摞整整齐齐地卷纸本——上面用不同的符号标注着不同的题型，错题本——错误原因清晰明了，更改过程一目了然，典型题例本、袖珍记忆本……

三年的时光，小Z就这样时而蛰伏于扫雪的队伍中挥汗如雨，时而耀眼于学校的各个舞台，但是他的专注、他的执着、他的朴实、他的那股扎实追求的冲劲、他的弯腰服务的姿态，却时时在我的脑海中回想，感动着我，也激励着我。

“老师，我想做数学课代表。”“暂时还不行。”这番对话是我与小W在初识一个学期里最常说的话。每每，看到孩子失望转身的样子，我不断地告诉自己，万万不要心软，一定要坚持住。

于是小W在不断地争取，而我在不断地拒绝，一旁的同事也多了几分不忍。劝我说：“小W真的不错，是个好孩子。”是啊，小W是个好孩子，他学习好，人缘好，做事主动，有很强的沟通能力，听话，懂事……这是大家公认的，但是在我的心中有一个秘密不能告诉别人，那就是在小W好的人缘背后，有着窃窃私语：他人前一套人后一套。我想对待成长中的孩子，作为师者，引导与纠正是为师的根本。于是，在每一次的沟通中，我都会给小W一些暗示，但同时又给他希望，也曾与他一起讨论什么是真正的好人缘。就这样大约一个学期的坚持，小W变了，当看着他能够不以表面的友好与嘻嘻哈哈来与人相处时，我欣然。于是在临近期末的一次申请中，我果断地答应了小W的申请。

从此，小W开启了辉煌。作为数学课代表的他，永远地站在了数学学科的巅峰。有一次，一个孩子告诉我：老师，你知道吗，小W为了研究一道题，3点就起床了。看着那个孩子惊诧的深情，“小W太牛了，”我抑制不住内心的钦佩脱口而出。或许这是一件小事，但是在其中，我看到了一个十三四岁的少年难得的钻研精神、执着品质。或许很多时候，他不是最快的，但他永远是最稳的。或许他永远不是最快的，但他一定是笑到最后的。或许就是由于他的这份执着与钻研，小W赢得了同学们真正的佩服，因为他没有了人前一套人后一套的儿童式虚伪，因为他的执着与付出让同学们心服口服，所以他提出的倡议得到的永远都是真心的拥护。他站在讲台上，同学们看他时佩服的眼神，我就知道这孩子赢了。尤其当他在文理分班时以理科班种子选手华丽帅气地投向文科班时，你就会更加理解那种我的人生我做主的霸气。当他以文科生身份被全国第一的大学录取时，我们知道“3点就起床”的那份执着成就了小W。

而这以后当小Z和小W出现的时候，都成了自带光环的荣耀者，似乎是那样的令人无法企及，只能仰视，只能艳羡。冰心老师曾经写道：“成功的花，人们只惊羡她现时的明艳！然而当初她的芽儿，浸透了奋斗的泪泉，洒遍了牺牲的血雨。”是啊，当一个个生命明艳地出现在我们的视野时，我们常常都在慨叹他的禀赋超常，却忽略了所谓的超常禀赋背后的付出。因为当你在享受被窝温暖的时候，那些成功者却早已在寒风中执着地前行；因为当你在哀叹命运的不公的时候，那些成功者却早已用行动拨开命运的迷雾；因为当你在喟叹不如人时，那些成功者却早已告诉自己我是笨鸟我先行……

坐在阳光下，看成长。一个个活泼可爱的少年，在肆意地挥洒青春的闪亮，他们欢笑着，奔跑着……作为师者，就是那个在阳光下享受成长美景的人，成长点染了师者的为师之梦，而师者也在点染弟子们一次次成长的梦！

（赵艳萍老师）

一群让我骄傲的生命

传说中的人——邢羽纶

邢羽纶，日语班历史上极富传奇色彩的一位，毕业于东京大学理学部，现就读于美国斯坦福大学读研。育才宣传片上有他的身影，备受众人崇拜，德智体美兼备的人物。

他说："觉得世界这么大，我们生在这个时代，如果有条件有可能就要去各个国家体验各种生活，如果不利用好这机会就可惜了，应该多留点人生多彩的经历，等老了去回忆。"

有着骄人成绩的他同样有着广泛的爱好，身怀从古典艺术文化日本演歌（曾代表日语班展示育才学生的风采而被日本媒体报道）到中世纪西洋乐器小提琴（作为东大交响乐团的乐手之一），再到现代体育足球等多种技艺。酷爱电子游戏，对游戏产业的动态时刻保持关注，也是一个热血的游戏爱好者，全才所具有的不仅是学习上的天赋，更是在各方面都有所建树的能力。

初中时期，积极参加了学校的各项活动，主持人比赛、演讲比赛，也曾随辽宁省教育代表团访问韩国京晟道，并在初三时担任学年学生会主席一职。而高中的经历则更让人惊叹。高一时代表育才学校远赴美国芝加哥大学参加模拟联合国会议，高二时作为班级中名列前茅的学生赴日本进行了为期7个月的学术交流活动，并在留学期间组队参加了日本MESE全国决策比赛，获得了全国第二的成绩。在高三的时候，参加了沈阳市外语大赛获得了日语组第一名，后来还参加了21世纪全国中小学生英语演讲比赛，获全国第三名的成绩，并得到了去英国修学旅行的机会。

他在日本高中7个月的学习经历，让他对日本这一国家及其文化有了进一步探究的兴趣，也对大学期间在日本的学习充满了期待。但同时他也表示，本科的选择并不会完全束缚住他之后的脚步，世界很大，体验不同的风土人情很有意思。在工作方面，经历比较丰富，能适应各种环境的人也许就会比较有竞争力。

育才是一所非常好的学校，到处都有提升自己的机会，也有很多奇才，校园生活和大部分学校比起来也是极其丰富多彩的。世界这么大，我们生在这个时代，有条件有可能去各个国家体验各种生活，如果不利用好这机会就可惜了，好好享受青春的岁月，既然选择远方，注定风雨兼程。

（一）单纯充实懂得感恩的人——张一屏

张一屏，毕业于东京大学教育专业，现在日本工作，平时喜欢各种运动，和朋友去唱卡拉OK，更喜欢看看韩剧、电影。在老师眼里，她为人谦虚，有能力帮老师处理好各种事务，有在运动会等场合代表全班同学发言等经历。学习成绩也十分优异，在高二时曾经前往日本进行为期一年的交流学习。

她毕业于东北育才学校小学部。在面对初中的选择时，怀抱着一颗对日本的好奇之心，她考取了初中部的日语特长班，之后顺利地通过了直升考试来到了育才高中部。在这12年的育才生涯中，她说她最大的收获就是遇见了许多优秀的教师让她受益匪浅。她认为育才这个地方并不像其他学校给学生的心理压力那么大，她可以在这里保持着愉快的心情学习和生活。而这么多年的住校生活，也让她学会了照顾自己，为以后的留学生活打下基础。

她最想感谢的人就是育才的各位老师，不论是小学的老师们，还是初中部的荣会老师、王冰晶老师，高中部李牧江老师，都是她要感恩的对象，每次回国她都要回初中和高中探望老师，最近刚刚联系上了一位小学老师更是让她兴奋不已。

在育才的这些年里，她在成功的路上也受到过不少的挫折。初三时糟糕的化学成绩、高三时的数学成绩都曾让她感到沮丧，作为调节她学习时郁闷的方法，她选择了参加学校的各个社团和大大小小的活动，比如礼仪团和射击队，在每次的运动会上都能看到她矫健的身姿。

高二那年成绩优异的她参加了去日本的交流活动。她去的学校是位于京都的立命馆高中。她认为学校非常注重国际交流，经常会举办一些科技交流活动，还会经常组织留学生去京都的各个景点游玩，这很适合她。在学习交流、体验生活的同时，她更与各国的留学生成了朋友。在交流期间，学姐刚好赶上了震惊世界的日本大地震。学姐说，当时的情况很巧，发生地震时她刚好在和新加坡的学生在一个地震模拟馆体验地震，在回去的巴士上她看到这条新闻，顿时惊讶不已。很多去交流的学生选择了回国，但学姐认为寄宿家庭的家人平时十分关心她，这样就回国太对不住人家，于是选择了留在日本，参加了灾后的志愿者活动。

她学习的诀窍，就是拼命多做题，教历史的李老师和教政治的王老师都十分给力，只要上课跟住老师的思路就一定没问题，但是日语方面一定要加紧练习，因为日语无论是在留学生统一考试还是在以后的留学生活里都起到至关重要的作用。

她在留学的日子里对老师们的感恩之情让人钦佩。和老师一起在育才的时光，让她到了日本之后深感还是在育才的时光比较快乐。从学习上来看，哪科都很重要，但从考试和以后在日本生活的角度来看还是要多注重日语的学习；当然最重要的是要努力为国争光，不忘自己是一名育才人！

（二）何须浅碧深红色，自是花中第一流的人——藏晓雪

藏晓雪现毕业于东京大学电子电气学部，平时会在学习之余去餐馆及私塾打工。其实学业优秀的她每个月都可以拿到日本大财团15万日元的奖学金，除去日常开销，应该还有结余。

她高一的时候似乎并不是十分耀眼，并不是一个十分学霸级的人物。高二时，她去日本进行了为期一年的“心连心”日中友好交流活动。作为日语班的一员，一年的生活中，困难自是有的，语言关便是其中最为难过的。开始时，她听不太懂周围人的说话，表达不清自己的想法，只能傻笑了两个月。在日本并不会因为你是中国人，就会受到差别对待，她周围同学都很

好，也很易于相处，所以待到语言障碍消除了之后，生活就逐渐变得多姿多彩起来，她交了许多朋友，又参加了部活动。临回国之时，她的朋友们还给她办了场送别会。所谓入乡随俗，在日本这一年，她并没有如在国内一样，每天埋头书本十分刻苦地学习，而是像普通的日本高中生一样运动，参加活动，体验着日本的较为休闲式的教育。在日本的一年里，日语水平无疑会有极大的提高，但文化课的落下也是毋庸置疑的。高三回来之后一直在陪自己的父母。或许不曾离家之人永远也感受不到，一直在身边陪伴着我们的父母的重要，感受不到离开父母家乡后的想念。她没有像其他人一样，去做各种各样的活动完全埋头于书本，她一直在陪伴着父母陪伴他们看四处的风景，陪伴他们在黄昏的餐桌上谈心。她说："父母是这个世界上很重要的人，高二的我已经缺席了一年，所以，在这最后的一年里，想好好地陪着他们。"在追逐梦想的道路上不要忘记回头看看，不要忘记多陪陪一直鼓励、支持的父母，不要忘记去照看那一个一直在你身后的温暖的家，这大概便是她想要传达的了吧。

而今远在国外的她，每一天的生活都丰富多彩，有时会很忙很累，但无比充实。她会经常打电话回家。异国日本里，她有同学，有朋友，有老师，她已经有了自己生活的圈子，已经在为了自己的未来而努力。

（三）墨香中国情，重走东瀛路的人——谢潇苇

谢潇苇，2012年怀着对母校的留恋步入了东京大学这所世界闻名的学府，喜欢看看书、练练字，对滑冰和游泳十分热爱，性格开朗。

她在语言方面很有天赋，特别是在日语上显露出她独特的才华。在大多数人初中还在忙着分流考试的时候，刚接触日语两年的她就已在分流前成功通过了日语一级，并代表育才参加了日语演讲大赛，积累了丰富的日语口语经验，这更是为她日后的日本交流做了个了良好的铺垫。她在初中时就羡慕那些去日本留学的学长学姐，而后在日本交流的一年里更是让她下定了决心

要在日本上大学。

在育才期间，她并没有参加什么特殊的活动，而是选择了脚踏实地地学好每一门文化课。她在理科方面尤其喜欢数学，她认为数学是一门很纯粹的学问，锻炼了她灵活的思维，养成了她多方面思考的习惯。文科方面擅长日语，但她也喜欢语文，她记得高三的时候孙慧老师带领她们一起看《红楼梦》、讲《红楼梦》、演《红楼梦》，到现在她还记得那时开心的心情，她说孙老师总会在文章的字里行间读出一些引人思考、发人深省的东西，假期时还会给她们推荐一单子的好书。现在，没有了孙老师的推荐，学姐都有点不习惯了。她在高中这段美好的青春里遇见李牧江老师真的很幸运，李老师特别能体谅学生的想法，在不触犯校规的情况下尽可能地为她们提供了一个舒适的学习生活环境，并且板书特别漂亮，讲课也讲得很好。

尽管离开了母校，她依旧经常想起曾经的老师，曾经的日语班，还有可以陪你一起哭、一起笑的同学。要知道只有失去之后才懂得：有着共同的梦想，大家一起为之奋斗，这是很幸福的一件事。虽然已经毕业，但无论在哪里，想起那日语班里共同拥有的美好时光，总能让心灵温暖起来，又有了奋斗的勇气和动力。

在高二时，她就作为交流生踏上了留学之路，正是这一年的在陌生环境学习的生活让她飞速成长，成长为一个独立担当的谢潇苇。毕业后她被分到了大阪这座城市，并进入了大版府立大手前高等学校，被分到了理数科（就是理科讲得特别快，文科相对慢的一个班），感觉学到的知识对留统考试特别有用，印象最深的点就是日本的理科教学感觉更重视推导的过程而不是记住公式就万事大吉。

她说："学习不要有太大压力，只要脚踏实地，一步一步地按计划来，就一定能够获得一个充实而愉悦的学习生活。"

这就是那一群曾让我骄傲的生命，他们的人生经历有风雨，有磨砺，但更重要的是他们用实际行动让每一个日语班的学生明白：全心付出，必有收获，风雨之后的彩虹会更加美丽！

（荣会老师）

逐梦未来　铸就卓越

青春是一种宣言，它昭示着自古英雄出少年的激情；青春也是一种姿态，心有猛虎，细嗅蔷薇；青春更是一种勇气，带着加速度奔跑，逐梦未来，铸就卓越！在我的身边，有这样一群青春少年，17数特一班的孩子们，内心满怀将优秀进行到底的信念，正心行义，力学无倦，深深地感染着我 。

（一）志存高远，心向阳光——陈美彤

她，志存高远，珪璋特达；她，心向阳光，灼灼其华。她心中有爱，眼中有光，脸上洋溢的微笑，永远释放着自信与坚毅；她心怀梦想，脚踏实地，行走在育才学子逐梦的路上。

升入初中，她为自己立下目标——考进数特班。经过半年的努力，她如愿以偿。进入数特一班后，她发现比自己优秀的同学有很多，于是暗下决心，加倍努力，奋勇直追。她以优秀的同学为榜样，见贤思齐，取长补短，不断鞭策自己。“苦心人，天不负”，她用自己坚定的脚步走过一年的学习时光，她挥洒汗水、锐意进取，终于以优异的成绩和各方面出色的表现，在班级名列前茅，成为老师和同学心中当之无愧的优秀学生。

人贵有志，学贵有恒，登高自卑。作为数特班的学生，学好数学是第一要义。女孩子也许没有那么敏捷的思维，但可以有扎实的功底。陈美彤就发挥了她的扎实这一优势，在数学的学习中注重积累，循序渐进，从未有一丝的懈怠。自己的错题和老师讲的重难点题型，她都单独整理在一个错题本上，每周都会有计划地复习，做到将新知与旧识循环往复地连贯组合在一起。一边不断积累，一边夯实基础，保证自己不犯同样的错误。有时遇到不会的问题，她会执着地跟自己较劲儿，一遍遍尝试，直到攻克难关，她才会露出欣慰的笑容。学习就需要这样一股钻劲与韧劲！她的每一张卷纸从做到改，都是书写规范、清晰工整，密密麻麻的数字背后是她对待学习的一丝不苟，一摞摞厚厚的卷纸粘贴着她在学习上的勤奋与刻苦。

知之不如好之，好之不如乐之。阳光向善，乐学好问是陈美彤最优秀的特质。无论什么学科，她都孜孜以求，热爱学习的她，均衡发展，乐此不疲。她能用数学的坐标系画地理的地图；她能把读过的名家诗歌改编成精美散文，再用它来练习汉译英。她能合理规划每天的时间，从不在无聊的娱乐上耗费宝贵的学习时间。她把玩也当作学，她把休闲时光用在广泛涉猎与各学科有关的课外书上。她最大的放松就是在课堂上跟随老师的问题思绪“神游”；她最大的乐趣就是记录下生活中发现的各种新奇现象，写成感悟，化成思想的火花，指引她在浩瀚的知识海洋中不断去探寻。课余时间她坚持自己的兴趣爱好，弹琴，画画，参加各种学科比赛或社会活动，在各方面都取得了优异的成绩。

课堂是学生学习的主战场，优秀的学生一定会在课堂上做到：高效听课、跟住老师、积极思考。这也是陈美彤成绩优异的制胜法宝。无论哪科老师，都能在课堂上找到她那双求知的眼睛，都能在每次提出问题后，看到一只胖胖的小手高高举起。课堂上与老师的积极互动，让陈美彤渐渐打开了思维，对新知识的接受变得越来越快，对难点的理解也变得越来越轻松。有时课上不能想明白的问题，她就会利用课间马上找老师请教，然后及时整理笔记，强化理解。她亲师信师，勤学好问，每个老师都喜欢倾尽所有给予她学习上的帮助。

“德养运，善积福”，陈美彤的优良学品更基于她高尚的人品。身为值日班长和小组长的她，洁身自律，率先垂范，无论在日常学习上，还是在各项活动中，她都能严格要求自己，凡事想在前，做在先，主动承担班级各项工作，为老师排忧解难，为同学提供帮助，带动同学一起学习，共同进步。作为英语课代表，她牺牲自己的休息时间为同学总结知识点，出小考试题，精心准备课前习题的讲析。每一样工作她都尽心尽力、认真负责，她还主动与同学分享学习方法和心得，给同学讲题。生活中的她，乐观向善，感恩师长，团结同学，她从不与同学斤斤计较起争执，宽和友爱是她的交友之道。

有些事你认定能做就要坚持，而坚持下去，就能达到自己预期的目标。陈美彤的优秀就在于她有自己认定的目标，她也会为这个目标坚持奋斗。上育才高中、考名校大学，这是她下一阶段的理想，育才给了她根植理想的沃土，她把心盛满阳光，一路踏歌，奔向最美的未来！

（二）刻苦钻研勇争先，大爱无私天地宽—— 李霁鸿

他总有清醒的人生规划，学习务实奋进，锐意进取。因此，他在日常学习生活中，厚积而薄发，时刻准备着，注意培育科学的思维方式并加强知识理念的把握，培养分析问题和解决问题的能力，提高学习效率。

自强不息，天道酬勤。他爱学习，尤嗜数学，他准备笔记本，坚持自主向前预习相关知识点，并在课后完善整理。他做事踏实认真的好习惯让同学们叹服、学习；他名列前茅的成绩让大家不懈努力地追赶、超越；他德、智、体、美、劳等全面发展，让同学们知道学如逆水行舟，不可以已；他不负众望，是大家公认的负责任的班干部。在工作中，他总是严格要求自己，在班级活动中积极起带头作用。凡是老师交给他的任务，他都会尽力做到最好；并且积极帮助老师组织班内活动，为老师出谋划策。他努力寻找促进大家共同进步的方法，是同学们的好榜样。上天总是眷顾那些有准备的人，正所谓天道酬勤，他的自强不息、以身作则，让他顺理成章获得优秀学生干部的荣誉。他具有强烈的求知欲和一丝不苟的学习态度，不仅仅满足于知识的表面，努力向知识的广度与深度发展。他博学多才，参加了多项学科竞赛，都取得了优异的成绩。在参加各类学科竞赛的过程中，他的毅力和自主学习

能力得到了充分体现。面对繁重的学习任务，他始终不畏艰苦，迎难而上，科学安排时间，在竞赛和日常课程学习两方面中取得平衡，作为辽宁省代表参加奥数比赛，喜获一等奖的好成绩。

在他心中，学习是正事，理应先于娱乐。他一心向学，气定神闲，心无旁骛，全力以赴。他最大的优点是勤于思考，善于思考。每做完一道题，他都有一个反思的过程，这样才会举一反三，触类旁通。在生活中，他享受生活，积极参加社会活动，他喜欢阅读经典，在阅读中，他不断地提问，直到弄懂字里行间的全部信息为止，阅读培养了他缜密和富有逻辑思维的习惯，也锻炼了他审题能力和解决问题的能力。

殷殷爱心，涓流不止。他在生活中总保持微笑，让人感受积极乐观的态度、待人热情、乐于助人的品质。在2017年末，他大公无私地帮助准备报考数特的同学们。他与其他两名综数尖子生一起组织综数周练，自发为大家讲解，回答同学们在此方面的难题，并为此不惜牺牲午休时间。他对同学们无私的帮助是最让我感动的，他把自己考数特的经验全部无私地奉献给同学们，把自己的业余时间用在为同学们出题上。他对熟悉的同学有爱心，对不熟悉的人也如此。他经常和爸爸妈妈一起去养老院看望老人，他会陪着年迈的老人聊天说笑，还为他们按摩、捶背、揉肩，给养老院里的爷爷奶奶带去了欢乐和温暖。

奋发向上，努力拼搏。在育才学生团体活动中，他都会积极参加，运动场是他展示风采的舞台，篮球更是他的强项。在校运动会上，他身先士卒，短跑、长跑屡获冠军，力求德、智、体、美、劳的全面发展。他懂得，要成为新时代的建设者和接班人，就必须全面发展。

他的人生目标是成为一名有梦想、有追求的领袖人才。他就是17数学1班的李霁鸿同学，一个既有爱心、恒心、责任心，又阳光上进的育才少年！

（三）努力奔跑的追梦少年——陆禹辰

子贡倦于学，告仲尼曰："愿有所息。"仲尼曰："生无所息。"

他，温文尔雅，品学兼优，目光中带着坚毅，时常充满着自信的神情，偶尔又有些小倔强，对知识的追求令人钦佩，一直将"生无所息"作为人生信条，鞭策自己、激励自己。这就是我和全体任课老师心目中的陆禹辰，一个阳光、真诚、自信的追风少年。

1."修学先修人，处世德为先"

陆禹辰同学在东北育才中学这个温暖团结的大家庭里，传承了学校浓厚的红色文化基因，从入校以来就在心里深深植入"为中华之崛起而读书"的种子。他思想健康向上，积极进取，吃苦耐劳，有崇高的理想和伟大的目标，注重个人道德修养，乐于助人，关心国家大事。他一直遵守学校的各项规章制度，有强烈的集体荣誉感和工作责任心，他努力做到严于律己，宽以待人。无论做什么事，都把"德"放在首位。

2."踏实求真知，苦学亦天堂"

出身书香门第的他，父母都是大学老师。自幼受到熏陶的他，阅读了大量古典名著。他阅读广泛，《世界简史》《唐太宗李世民》《哈利·波特》《长征》《1911》《达·芬奇密码》等均为案头书籍。即使学习繁忙，他每周末也尽量抽出时间去一次书店，保证固定的阅读时间。从童话故事到历史读本，从自然科学到天文知识，他都读得津津有味。"开卷有益""读书破万卷，下笔如有神"，正是良好的看书习惯，促进了他写作水平的提高，同时也提高了他对数学题目的深刻理解。

喜欢研究问题、探索问题是他的特长之一，在数学学科以及数学竞赛中表现尤为突出，对于课后的星号题以及一些趣味性思考题他总是不放过，有时为了一道难题，冥思苦想老半天，连饭也顾不上吃，即使有解题思路做指导，他也凭着一股倔强来攻克难题。正因为他在学习上的刻苦努力，他的各门学科都很优异，单科成绩和总分一直在年级中名列前茅，多次取得班级第一。他还积极参加数学、英语等学科竞赛，在初中生数学联赛、美国数学大联盟杯赛、数学创新杯赛中均取得优异成绩。

努力认真是他最可贵之处，他认为学习上最难达到的境界就是毛主席的名言："好好学习，天天向上。"他说："学习要学好不容易，天天都要进步那就更难，做到这两点，那就一定可以学好。"因此，他总是课前就做好预习工作，记下预习中遇到的问题，做到带着问题听讲，有目的地听讲。课堂上，他能认真听取老师教授的知识，留心每一个细节，认真做好课堂笔记，他努力跟着老师的思路走，向老师提出自己的见解、问题，从不留下漏洞。课后，他会在完成作业之后及时做好功课的复习，将自己的知识巩固，为提高自己的成绩奠定基础。

3."琴棋书画养性情，社会实践长见识"

较之在其为人学习方面的严格要求，父母对于他参加活动实践则采取民主支持的态度。自小他选择了滑冰、数学逻辑推理、智能机器人作为他的兴趣爱好，下棋、阅读这些都是他生活中的一部分，不单单是为了培养自己的特长，更重要的是修炼了他的品行。此外，他乐于助人、热爱公益。在学校，他经常主动关心帮助班上的同学，每当同学遇到学习上的困难，他总会尽自己所能，耐心讲解。有时有些问题甚至已经讲了三五遍，但他从不会感到厌烦，直到同学听懂为止。

气质是一种味道，腹有诗书气自华；品格也是一种味道，出淤泥而不染，濯清涟而不妖。优秀就是这两种味道的升华，融着激情、伴着勇气、带着拼搏，在青春炫彩的季节蓬勃绽放！

（周琳老师）

二、学科教师　助力前进的航程

钻研所教学科，做好本职工作。教书育人是教师的天职，而三尺讲台就是每个教师展示自己的舞台。作为一名科任教师，要研究自己所教的学科，上好每一堂课，让学生看到自己的努力，让学生喜欢上自己教的学科。特长学科教师对知识的传授一丝不苟，课堂教学灵活巧妙，工作的态度兢兢业业，认真批改学生的每一次作业，耐心纠正学生的每一个错误，深得学生信任。同时，在他们心中，也非常尊重、平等对待每一名学生。用自己的行动引领学生形成“深究而悉讨，慎思而明辨”的学习风气，为学生学科素养的形成努力工作。

点燃一把火

小A，男孩，聪明，但并不勤奋，虽然在英语特长班，可英语成绩并不突出，也没有表现出浓厚的学习兴趣。问及他的兴趣时，回答是：喜欢打电子游戏。还时不时地给老师惹些麻烦。但是他敢于质疑，有时会问一些看似稀奇古怪的问题，如果有疑问，竟可以毫不犹豫地敲开校长室的门，毫不胆怯地询问。当然，这会惹来很多麻烦！家长对孩子的教育观念是：鼓励孩子挑战权威，鼓励孩子发展兴趣爱好，让孩子有更多的可能性，成绩不是他们最在意的。

作为老师，对于这样的孩子，我不希望灌满一桶水，而是希望点燃一把火。开设物理兴趣课后，我发现他对物理情有独钟，于是找他谈了谈，大肆赞扬他在物理课上表现出的积极态度，并引导他学科之间是相通的，他具有无限潜力，完全有可能在任何一学科上崭露头角。总之，我想借助他对物理的兴趣，帮助他找到物理与英语的最佳结合点，促进其他学科的学习。孩子悟性很好，很有想法，第二天找到我，说他打算背物理方面专业词汇的英文，我当然大力支持和赞赏。从此，自习课上，课间休息时，体活课中，我经常看到小A都捧着一本厚厚的物理专业英文词典，沉浸其中。他还时不时地冲到我面前，毕恭毕敬地问一句：老师，能告诉我这个单词怎么读吗？长期的词汇积累，加上老师家长的引导，让他对英语学习有了感觉，从单纯的背单词，到逐渐找寻单词的构成规律，琢磨记忆单词的捷径，到英文网站查找相关物理资料……为了看懂英文原版物理资料，就要在英语学习上下功夫，这样互相促进，形成了良好的物理和英语学习态势。到了初二下，小A的物理成绩位居班级榜首，英语成绩亦稳步上升。 高中毕业，小A考上了国内知名大学电子系，大三时，因为出色的专业素养及超凡的英语能力，被选派出国深造。

小B，女孩，敏感，喜欢安静，酷爱读书，但理科学习很吃力，选择英语班就是出于此，曾因为数学成绩不好，拒绝上学。

午休时间、体活课，她不像其他同学那样飞奔着出去玩，而是安静地坐在座位上，抱着一本书，有人走近都觉察不到！再走近些，看到书名，我的心有些微凉，她也在读那类多愁善感的女孩热衷的言情小说！和她聊了几句，告诉我她最近在读的书是郭敬明的《梦里花落知多少》，还在研究多少人都读不懂的《安妮宝贝》，还很喜欢《鹿鼎记》。对于这样有些脆弱的孩子，决不能扼杀她的读书欲望，虽然这些书不是我们期望这个年龄段的孩子看的。仔细思考之后我对她说："你读了这么多书，又特别有思想深度，很多同学都渴望多读一些好书，但我们时间又很紧，班级午检开辟一个'旋转书架'吧，你组织几个同学，用英文介绍，你来任策划。我最近特别喜欢《哈利·波特》这本书，你能不能先介绍它？"小B欣然答应。并告诉我利用周末读完书之后向我汇报如何组织。第二周谈及策划方案时，我惊讶于她良好的悟性和才气。短短一个周末小B竟能这样总结出她读完《哈利·波特》

的感悟：这本书描写了魔法和怪异的生灵，以神奇、扣人心弦的形式让我们理解了自信、意志坚强和友谊的重要性。

初二寒假，小B读了《哈姆雷特》《绿野仙踪》《艰难时世》《小妇人》《把信送给加西亚》等8部英文作品，并在第二学期利用午检时间先后用英文介绍了这些书。介绍每本书时，她都认真地写个文稿，包括以下内容：name（书名）、topic（主题）、character（人物）、plot（情节）、theme or significance（意义）和读后的感受。小B的英语词汇量和英文表达能力突飞猛进，孩子也变得更加阳光、自信。能为班级创设良好的文化环境，形成健康的主流思想，她更感到无比自豪！

高中分文理科后，选择文科的小B更是如鱼得水，坚持阅读，坚持英文写作，时不时发来她的作品。高三时，以优良素质在自主选拔中脱颖而出，并获得选择专业的优惠政策，就读南开大学中文系，兼修英语专业，大学毕业获得双学位。

李开复在任微软副总期间写给中国大学生的一封信中说："不要以为有兴趣的事情就可以成为自己的职业，例如，喜欢玩网络游戏并不代表你会喜欢或有能力开发网络游戏；不要以为有兴趣就意味着自己有这方面的天赋，不过，你可以尽量寻找天赋和兴趣的最佳结合点，例如，如果你对数学有天赋但又喜欢计算机专业，那么你完全可以做计算机理论方面的研究工作。"我校的特长班恰好给孩子提供了一个这样发展的平台。小A和小B不是天才，不是学霸，但却可能拥有更多选择的权利、选择他们认为有意义的工作，更快、更自信地融入社会。

育才特长班，为学生提供了施展才华和提高才能的广阔空间，如果老师和家长能引导孩子找到兴趣和特长的最佳结合点，点燃这把火，孩子会少走弯路，获得更多内心的满足和自己想要的生活状态。

（牟宏伟老师）

好男儿　当自强

“男儿当自强”这句话寄托了我们中华民族对于男孩子的期望，对于育才数学特长班而言，这句话更有意义和分量。因为作为优才摇篮的育才自从20世纪有了数学班以来，男孩子一直占很大比例，男生的人数在一定程度上决定数学班的班风和班级走向。而对于这些未来科技领域的高精尖人才，要想把他们培养成为未来社会的有才华、有能力、勇于担当的主力军，初中阶段的引导与教育就显得尤为重要，对此，作为一名任教过特数和综数的教师的我感慨颇深。

（一）培养习惯比传授知识更重要

小王同学个子不高，一对浓黑的长眉毛下面，长着一双长睫毛、会说话的大眼睛，干干净净的面庞，不好意思的时候就会立刻脸红。入学考了一次试之后，我就切切实实地领教了什么是“蜘蛛字”：卷面勾勾抹抹、找不清顺序，数学里的文字语言、符号语言、图形语言完全掺杂在一起，犹如一锅炖烂的“乱炖”呈现于眼前，真是无法识别。最后发现这手笔竟然出自与其外貌极其不相称的这个男孩子之手。我提示他，写字要认真，可以想好了再写，或者打个草稿再誊写到卷子上。说了两三次，也未见效。后来我很生气，再次强调：“你哪怕只答一道题，也要给我工工整整地写！你可以写得不好看，但我要能从中看到你写字的态度；而且，你只有思维是不够的，能在卷面上表达出来、让别人看懂才行！”他当时红了脸、低了头，过了一会儿，小声地问：“安老师，我怎么才能写好？”我说：“练啊！”又补了一句：“一笔一画地练！”从那以后，我发现他的字有了改观，慢慢地，他从“勾画”字到把字写得歪歪斜斜，再到改“斜”归正，虽不是很美观，但已经很工整了，相当于从E级到了C级，我为此特意奖励他一本日记本，他腼腆地接过去说：“谢谢安老师，我以后会继续努力好好写字。”我问他父母他是怎么做到的，他爸爸说：“他说不能让老师生气了，他改，写字慢下来了，比以前更稳重了，因为写字慢，每天就比平时晚睡半个多小时，但每次写完都很高兴，还念念有词：明天老师肯定不生气了。”过了一阵子，他写字的速度慢慢提上来了，作息时间也恢复了正常。都说“江山易改，禀性难移”，小王有决心和毅力改，真把写字潦草的坏习惯改掉了，他自己、家长和老师都皆大欢喜。

成绩总会随风消逝，但是习惯却会伴随人的一生，作为特数教师，我们不仅仅要教给学生数学知识，更重要的是培养学生良好的数学学习习惯，否则再好的苗子也不会长成参天大树，正所谓培养习惯比传授知识更为重要。

（二）德行高尚比摘金夺银更重要

小王有时缺少爱思考的习惯，一道题目看了看，不怎么动脑，也不动笔，就直接承认不会。我觉得他是个挺聪明、能专心做事、有潜力的孩子，就不时地给他找几道中等难度的题目做，刚开始他不怎么上心，体会不到老师的良苦用心。我慢慢引导他，让他学会从题目所给的条件入手，挖掘题目条件，充分利用已经学过的知识点，试着融会贯通，正向推啊，逆向导啊，尝试应用各种数学方法。渐渐地，他从做题中找到了乐趣，也有了更大的信心，开始热爱数学，而且对数学挺着迷，等我再找难一点的题目给他做，他做不出来，会琢磨上一节课，经常忘了钢笔漏水，弄了一手，再弄一脸，浑然不知。有时他可能利用闲暇时间想一两天而不得解，我问他用不用给他讲，他说他再想想，跟同学交流之后，实在想不出了才来问。他的专心致志也体现在贪玩上，与做题相比，毫不逊色，经常玩得大汗淋漓，有一次打篮球，玩得尽兴，忘了中午回教室打扫卫生，直接被值周生扣掉1分。众所周知，一张纸条本来无足重轻，可是变成扣分单，分量就大了，班主任最不愿意看到的条子估计就是扣分单。当时卫生委员的脸上愁云惨雾，沉重地把扣分单递给他（谁为班级扣分就把扣分单留给谁做纪念了），他的大眼睛忽闪了几下，什么话都没说，泪珠在长长的睫毛上稍作停留，就簌簌地滚落下来。平日里我最欣赏有错知错、知错就改、不总为自己的错误做辩解的孩子，看着他这般可恨、可怜又可爱的模样，我还是狠了狠心，机会就在眼前，不容错过，我说："为了让你记住这次你无意中的错误，做俯卧撑吧。"他问："老师，做多少个?"我说："N个。"数学班的孩子都知道通常N代表任意正整数，不确切啊，他也知道是让做很多的意思，二话没说，就开始做，做了20多个时，我看差不多了，就问同学："大家现在原谅他了吗?"他平时性格开朗、乐于助人，平时同学有困难他都乐于挺身而出：谁感冒了他主动替值日；谁有不会的题，他主动给讲、从不推脱，即使是在紧张的期末复习阶段。他正值、诚实，团结同学，从不搬弄是非，同学们都喜欢他，当然给他这个台阶了，荣誉感极强的他，以后再也没有因为贪玩而迟到或耽误班级的任何工作。

那时作为班主任和数学老师，我深知自己肩负着塑造学生高尚人格的责任，尤其是我们数学特长班的学生们头脑反应极快，如果没把智商用到正确的领域，就可能害人害己。所以在他们的培养过程中我要让他们时刻意识到：德行高尚比摘金夺银更重要。

（三）享受快乐比急功近利更重要

小王也是个对很多事物都感兴趣的孩子，善于观察和学习。有一次学校数学组征集数学小论文，他在一个周末陪他爸爸去加班，午休时看他爸爸和同事打台球，当时数学课正好讲到对称的知识点，他就琢磨出要以台球为题材写个小论文，他和我提了想法，但不知怎么写，在我的引导下他写了半张A4纸的初稿。我看后教他写小论文的格式，教他如何拓展，再几经修改之后，他的《神秘桌球——探索三库解球的秘密》在内容与格式上都很丰满。在"走进美妙的数学花园"论文竞赛中荣获金牌。他平时也很爱玩一些益智游戏，如各种类型的魔方、九连环、五子棋、象棋，小学时学过声乐，初中没时间学了不得不放弃，但那段声乐学习经历却使他受益匪浅，唱歌声音洪亮、字正腔圆，平时班会、新年联欢会他都会积极主动参与。他也热爱阅读，有的书不厌其烦地读，如《哈利·波特》，中文版、英文版都读了好几个来回。

其实，小王并不是我教过的学习最好的学生，竞赛成绩比他厉害的有很多。他刚入学时只是个中等生，但是他有上进心、懂事、做事认真、领悟力强、有恒心和毅力、知错就改、脚踏实地、兴趣广泛、乐于助人，这样的阳光男孩进步飞快，到了初三，他已经是一名非常优秀的学生了。追根溯源，小王的成功并不是因为他最有天赋，而是因为他喜欢数学，享受数学学习的快乐，所以再枯燥的数学公式和符号都成为他生活中的快乐，如果教师在一开始就灌输给学生努力学习争取竞赛拿奖的思想，那么恐怕很多孩子都会被这种成人世界急功近利的思想毁掉。所以我觉得在数学特长生的培养过程中享受快乐比急功近利更重要。

再后来看到小王，是初中部去高中部借用场地开运动会，那时的他个子已经高了很多，远远地就喊安老师好，还是那双大眼睛，还是那张充满阳光的笑脸，真的是个地地道道的男子汉了。每次看到或想起他，我都引以为骄傲，同时会想起“男儿当自强”这句话，是啊，作为未来的人才，作为时代的接班人，育才数学班的男孩子们，时刻努力吧，好男儿，当自强！

（安红丽老师）

臻美唯真　筑梦远航

——做特长学科学生的领航者

东北育才学校初中部一直是全市小学毕业生所向往的学校。作为优才教育实验的发源地，初中部形成了独树一帜的特长学科教学模式。特长学科教学是利用“能力迁移”理论所进行的一种特殊教育。通过强化基本学科教学，培养全面发展的优秀人才，使他们在中学阶段在各科全面打好基础的前提下，在某一基本学科方面形成一种特殊优势，在基本学科强化教学过程中，学生的综合素质得到全面的发展和特殊的提高。在我17年的特长学科教学过程中，也涌现出许多的学生个例。其中，孙海天给我留下了深刻印象。

（一）一壶清茶两师生，促膝长谈拨月明

提起孙海天，我脑子里马上浮现出那个爱笑，又有几分内敛的大男孩。初二时，我担任他们班级的特长学科的数学教师。通过日常的教学活动，我发现了孙海天的与众不同。他是一个自尊心很强的男孩，很在意自己成绩的好坏。但海天并没有养成良好的学习习惯，上自习课时他经常分神，效率不高。前几次的数学测验，他的成绩始终不太理想，这也使他的学习信心明显受挫，常常躲在教室的角落里默默流泪。于是，我专门找一个中午，在我的办公室，煮上一壶清茶，我们两个师生进行了一次推心置腹的促膝长谈。首先，我肯定了他的数学思维和能力水平，但同时指出他当前影响成绩进步的几个因素，如学习态度、学习习惯、学习方法等。最后，我拍了拍他的肩膀，告诉他："仰望苍穹时，什么都比你高，你会自卑；俯视大地时，什么都比你低，你会自负；只有放宽视野，把天空和大地尽收眼底，才能在苍穹泛土之间找到你真正的位置。无须自卑，不要自负，坚持自信！"当海天听到这段话时，我发现他的眼睛顿时明亮，目光中透露着坚毅。

令我感到欣慰的是，海天是一个执行力很强的学生，在接下来的一个月的时间里，他逐渐改掉了身上的诸多问题，成绩也得到大幅提升。诚然，此后他的成绩也出现过波动，每到那时，我就给他递上一张写满激励言语的小字条，抑或是来一次操场上的"偶遇"，言语间鼓励他一定要坚定信念，勇于追梦。最终，正如我期待的，含泪播种的人一定能含笑收获。在初二上的期末考试中，孙海天考了班级前十名。

美国著名心理学家威廉詹姆斯说过："人类本质中最殷切的需求是渴望被肯定。"但不可否认的是，我们每个人都有不同程度的自卑感，因为我们都想让自己更优秀，让自己过更好的生活。回归话题主体，特长学科的学生更是如此，当他们遇到无法解决的问题，一旦产生心理暗示时，就会表现出自卑情结。这也就要求我们特长学科教师防患于未然，利用多种鼓励方式和评价机制使他们重塑学习自信心，提高学生的学习积极性。天高任鸟飞，这种道德上的劝勉，是翅膀赖以飞翔的空气。

（二）浮天沧海何须远，万里云帆筑梦扬

初三的时候，班级不少学生准备各科竞赛，海天却迟迟没有动静。经过了解，原来海天不想参加竞赛，而是致力于高考。而凭我对他能力的了解，他应该尝试一下竞赛。于是，我找到了海天，一方面分析了他理科思维上的优势，相信他完全具备了参加竞赛的能力。另一方面，告诉他准备竞赛并不仅仅是为了将来考大学时可以获得名牌大学的自主招生资格，更重要的是这是人生中的一次宝贵经历。以我为例，高中时参加全国数学和化学联赛的经历，对于我现在从事的特长班数学的教学而言，是一笔无价的财富。听完我的讲述，海天若有所思，我最后跟他说，老师不能决定你的选择，但老师相信你会成为更好的自己。之后的日子，海天在保证完成日常课程的基础上，开始着手准备竞赛。不出所料，高中时，他因物理竞赛成绩突出而被保送到上海交通大学。

毕业多年，孙海天仍然和我保持着紧密的联系。他经常回到母校，和我聊聊自己的近况，我也看着他一步步成长和成熟。每每提到初中生活，他都满怀感恩之心。海天经常和我说，他先在美国工作几年，积累技术和经验，然后尽早回国，为祖国的发展做出自己的努力。海天说这些话的时候表情坚定，目光坚毅，仿佛再一次把我们拉回12年前，依旧是熟悉的那间房间，还有桌上的两杯清茶，飘着袅袅余烟……

正如李镇西先生所言："我们的师长，必须正视这样一个事实：青少年身心的成长是一个痛苦而复杂的过程。绝不可以把学生们当作一部部受教育的机器，他们是一个个正在通过他人帮助，更通过自己不断努力而逐步形成的‘人’。”学生成长路上需要教师的引领，当他们在黑暗中感到孤寂时，当他们在日记中发出莫名的长吟时，当他们在拥挤的人群里感到恐慌之时，当来自内部外部的压力向他们慢慢逼近之时，这种师长的引领更是弥足珍贵。

特长学科的教育其实很简单：一腔真爱，一份宽容。特长学科的教育却又很难，更多的时候是一种情感的滋润与人格的感染。在浩瀚无际的征途上，只有学生把教师当作知心朋友来接纳时，教师才能在学生心中成为他们的领航者，而我们的教育之舟也就开始驶入成功的港湾。

（张志军老师）

那年、那人、那段岁月

Dear Lucian:

Thank you for your inspiration and patience that you gave me over the past years in Junior High. A teacher like you is really not easy to find.

An inspirer. An empower. An engager. These three characteristics are just a short sample of the many you demonstrate with all of your students, including me, every single day.

You make me feel authentically supported when you say “Please let me know how I can be helpful” and genuinely mean it. Also, the excitement you express to co-learn with me rather than teach me, makes me feel like partner in my learning experience, when it is so easy to feel like ‘a sponge that can only absorb.’ I know you have so much to share, but I love how you also openly articulate how much I have to share as well and how much you learn by engaging with me!

———From Eva Zhou

从事英语特长班教育工作的那些年很美好，遇到了许多难忘的人，记忆中留下了许多美好的岁月！文章开篇的那封信是小周同学初三毕业时送给我的赠言。从她的言语中，我能感受到小周对我作为英语特长班班主任的肯定，对英语特长班的恋恋不舍，对东北育才学校的依依之情以及对自己人生未来的憧憬向往。一所名校，一位班主任，一个英语特长班，近的核心价值在于英语教师自身的专业精神对学生成长的引领和辐射作用。轻轻地走进学生，悄悄地拨动他们的心弦，东北育才学校赐给我荣耀为冠冕，让我与英语班的学生们经营着简单却不平凡的生活。

（一）打造精彩多元的课堂模式，让学生在文化的浸染中爱上英语。

英语班的教学方式以实践为目的，注重学生的课堂实践，是一种以学生为主体的教学方式。这样的授课方式使课堂气氛更加活跃，更能激发学生的学习兴趣。在班级管理中融合英语教学，学生的学习能力和性格更为多元，充分与学生互动，提高学生学习能力和兴趣，从而达到双赢的结果。

小周出身于书香门第，父母都是著名大学毕业生，但父母从一开始就决定让她追求自己的兴趣爱好，走全面发展的成长之路。在全民英语的大环境下，他们坚持培养孩子多方面的综合能力，而没有盲目把她送上补课的道路。在小学阶段，她出于对音乐的兴趣学习钢琴，并在11岁的时候获得十级证书。平时的周末，父母带她走进世界，在增长见识的同时打开了她的国际视野，让她了解各地独特的历史文化，也让她能不拘泥于身边的小事，能看得更高、想得更远。

进入东北育才学校英语特长班后，学校先进的教育理念，以及英语特长班重点培养学生综合能力的教育宗旨，让小周的个性特长得以释放，亦师亦友的我作为她的班主任李老师，在孩子成长最关键的青春期，以和风细雨的谆谆教导和润物无声的循循善诱帮助孩子树立了良好的行为品格，端正了积极向上的学习态度，在很好地完成学习任务的同时，积极参加社会实践。在初一学年和初二学年，小周同学每周末去辽宁省光明学校（孤儿学校）给小学生上英语课，利用暑假参加两期美国约翰霍普金斯大学天才少年学院培训，多次在英语演讲和辩论赛中获奖，多次获得校运动会奖牌。

初三上学期参加市教育局组织的英国露丝中学选拔考试，获得了10%的奖学金。申请的过程中，英语能力显然是国外名校看中的一点。小周曾经跟我聊起她对英语班英语教学的感受，自从初中来到育才英语班，多样化、多课时的浸没式英文教学让她受益匪浅。尤其是注重公开演讲能力的Presentation汇报课，我重点强调的自主、合作、探究式的英语学习方式让学生们体会到了英语的语言能力、文化意识、思维品质、学习能力等方面的重要，有时一个同学的演讲持续半个小时我也不会打断。

小周说这种教学模式不但提升了他们的综合语用能力，更重要的是小组合作探究让他们融入国外教学环境更为便捷。英语常规课中的素材也是“原汁原味”，杜绝Chinglish教学，在相对熟悉的情境中，使用所学的语言知识和文化知识，有效运用学习策略，理解不同类型语篇所传递的意义、意图和情感态度，并能以口头或书面形式陈述事件、传递信息、表达观点和态度。原素材教材使小周的英语听力和口语都有了不少提高。她每天都会听着美剧睡觉，也经常用英语自言自语，正是这些小细节让她在不刻意练习的情况下轻松地提高了英语口语水平，在初三参加雅思考试时就拿到了7分的好成绩，一战解决雅思。大量的阅读和英剧对孩子的雅思学习至关重要，良好的阅读习惯需要从小培育。在英国交流期间，小周的同学和寄宿家庭都说她的英语发音“完全没有中国口音”，不太熟悉她的人甚至还以为她是从小在英国长大的亚裔女生。

（二）搭建多种活动平台，在实践中培养学生的语言和文化素养。

进入英语特长班意味着她在保持课内成绩优异的同时，有更多的时间参加感兴趣的课外活动并坚持她的第二外语——法语的学习。因为通过学习第二门外语，小周可以深入了解语言的功能，通过对语言的灵活运用，可以帮助培养她的思考能力和问题的解决能力。就在她进入初二的那一年，学校从美国引进了辩论选修课程，因为天生乐于思考和表达，她很快爱上了辩论。初三一年的时间，她作为辩手、学生裁判、辩论活动的组织者，对辩论倾注了大量的时间和心血，收获颇丰。英文辩论在国外中学和大学里是广受欢迎的学术活动，对口语表达、逻辑思辨和知识储备都有很高的要求，对于非母语的我来说更是充满了挑战。辩题大多与国内和国际时事紧密相关，从核能在中国的发展前景，到美国的海外无人机项目，到转基因食品的市场投放政策，到乌克兰危机中北约和俄罗斯的较量，再到全球化对世界范围减贫的真正影响，政治、经济、军事、环境，无所不包，而所有的辩题都没有一个所谓的正确答案——一切取决于你如何比较、分析，用翔实的数据和明晰的说理来征服裁判。因此，每一场比赛前都必须大量收集资料，阅读相关文献和时事评论，进行独立的批判性思考，不断挑战已有的观点，找寻事实真相而不满足于任何现有的答案。一些原本离学生很遥远的问题，引发了他们更多的思考，让老师有了全新的认识，这种人文关怀渗透到生活中来，塑造了学生的思维方式和价值观。在和国内外不同背景和文化的辩手针锋相对的过程中，学生充分意识到潜在的成见对人认知事物的影响，从而能更加理性客观地看待各种问题。

激发学生学习的原动力，避免教学技术的死板，洞察世界时事动向，英语教学的优势无不体现在班级管理中。在团体活动中，帮助学生树立学习目标，保有正确的世界观。

此外，辩论也全方位提高了小周同学的英语综合运用能力，她的雅思一次性考出了高分，除了本身英语基础较好，也与辩论中不断应用听说读写各项能力有关。初中各个学科任务难度增加，辩论又是非常花费时间和精力的活动，但因为有热情支撑，三年来她几乎从未间断过比赛。虽然初三阶段忙着准备英国露丝中学的选拔考试，抱憾未能参加全国中小学生英语辩论大赛，但是小周深深地为自己的队友小轩、小靓和小王同学取得全国一等奖而开心与骄傲。

（三）做学生心灵的引路人，陪伴学生更好地成长。

现在，小周就读于英国超级精英大学伦敦大学学院（UCL）的医学科学和工程专业，比同龄孩子提前一年进入大学学习，她的理想职业是成为一名优秀的外科医生。每年假期，小周回国时都会跟我汇报她的喜悦与挫折、进步与沮丧。我由衷地感受到东北育才校园中“自信、自强、自豪”的核心精神，它成就了一批又一批学子的人生理想。“中国灵魂，世界胸怀”这八个字扎根于育才英语特长班的学生心里！

我相信，不仅是小周同学，所有育才英特的学生们都会用勤奋与努力为自己勾画出一个美好的未来。I was, am and will teach you in Specialist English Class and always wait for you in Yucai School!

（李璐霞 Lucian Lee）

缘去缘来都是日语

——记08级日语班学生王某熠

冬日里的东北难免缺少一些花草的盎然之气，这期间那养在办公室里的几株水仙总会使得整个办公空间充满生机。我爱上这水仙花是源于这个学生，她就是08级日语班的学生王某熠，是她送给了我这几株水仙。时光荏苒，在东北育才学校已经任教十余载，作为一名一线日语教师，见证了太多像王某熠一样的学生的成长与蜕变。回首走过的教学之路，点点滴滴的感悟促使我和学生们一起成长。

王某熠，2008年考入东北育才学校初中部日语班，2014年从东北育才高中毕业后，就读于美国弗吉尼亚州的威廉玛丽学院攻读金融和统计，现在日本东京工作。

（一）初识王某熠，教会她理性乐观地面对挫折。

王某熠刚到初一日语班的时候，是一个白净瘦小的姑娘，言语不多，但在课堂上很专注。记得在一次句子听写之后，她因为没拿到满分向我寻求方法，让我帮她找原因。我们日语班的学生都是在考入初中前没有接触过日语，但有一定英语学习经历的学生，他们有的因为自己英语的优势而觉得日语不会难，有的因为英语成绩的不理想而担心日语的学习，我们作为学生的日语启蒙老师，会在日语的语言特点、学习技巧、易错典型纠正等方面进行逐步讲解与培训，所以学生经过一个月左右的时间，都能很好地适应这门第二外语。王某熠没取得满分的课堂小考，也是每节课的必要环节，教师每节课都会利用几分钟的时间，对上节课学习的单词和语法进行测试。只是单词的话，学生容易拿到满分，加入了句子考查后，学生的语法问题就逐渐暴露出来。教师能够根据学生的考试反馈，做出更合理的课堂设计。但是，像王某熠这样，在小学阶段的优等生，难免因为不能拿到课堂考试的满分有些失落，这时就需要我们的耐心指导和鼓励。经过交流，王某熠取得了更多的满分，也能理性地接受拿不到满分的自己了。

（二）走近王某熠，为她的梦想插上一对飞翔的翅膀。

期末考试成绩出来后，日语任课教师会和每一名学生交流，肯定他们的努力，总结他们可以提升的地方。当我表扬了日语成绩排名在班级上游的她时，她说："老师，从小学的时候开始，我最喜欢的动画片就是《名侦探柯南》，我以后最想去日本旅游。所以，考上东北育才学校的日语班，我特别高兴。可是，老师，我发现咱们班人才济济，在这里，不努力就要被超越，可即使努力，好像也未必能够脱颖而出。"我从她的言语中，感觉到了她的担忧，更发现了她要强不服输的性格，这个女生将来必是日语班的佼佼者。作为她的日语教师，我要做的，就是教她日语学习的科学方法，让她明白对于六年或者更长时间的日语学习来说，这短短的初一上学期只是小小的热身，她的努力和坚持会在将来有所体现。

（三）帮助王某熠，点燃了她学好日语力压群芳的斗志。

转眼间到了初一下学期，一年一度的东北育才学校初中部的日语演讲比赛如期而至，这项活动从日语班建立之初就有，旨在给学生提供一个更大的锻炼舞台。因为我们日语班的学生，从初一下学期就开始在课堂上课前演讲。平时都是无主题的，学生会尝试用已学的单词和语法去自主准备一个演讲稿。不明确的地方会由中教或外教（每个日语班都有日语外教的课程）进行指导。到了每年的5月份，每次演讲比赛会有固定的主题，让初中三个学年的学生进行比赛。我们先在班级内部进行初赛，然后会有若干名学生代表班级参加决赛，其他日语班的学生则作为听众。王某熠不在决赛的名单里，决赛结束后，她主动找到了我，一个小本子上写满了她作为观众的疑问与收获。那时，我坚信这个学生，将来会在日语方面出类拔萃。

果然，王某熠初二的时候，在东北育才学校初中部的日语演讲比赛决赛中，战胜了几名初三的学长，获得了第一名。她赛后感谢我和日语外教，说是我们对她一次次的指导才让她有了自信，可我们两位教师知道，每一位参加决赛的学生我们都用心进行了指导，但是能够不厌其烦地纠正自己发音小瑕疵的王某熠是最用心的孩子。

（四）鼓励王某熠，培养了她挑战自我不怕困难的领袖精神。

日语演讲比赛夺冠后的王某熠，用其他任课老师的话说，像换了一个人。她自信了，也更敢于承担责任和展示自我了。初三时，她又获得了初中部日语演讲比赛冠军，此后在我的鼓励下，她勇敢地挑战自我，克服重重困难，最终以150分的高分考过了日语N1考试。日本语能力考试是N1最难级别，满分180分，有一些大学专业学习日语的学生，4年专业学习仍不能通过N1考试。我们学校的学生会在初三下学期开始集中备战日本语能力考试，教师会在课堂上通过阅读、语法、听力、词汇的专项练习，对学生进行考前的专项指导，而且会根据学生的实际学习能力，给予合理的考级建议，为学生进行分组指导。大多数学生具备通过N2考试的能力，而王某熠以高分通过N1考试，使她彻底成为日语班学生的领军人物。

（五）引路王某熠，为她的心灵浇灌上懂得感恩的清泉。

王某熠在高一时拿到了沈阳市日语演讲比赛的冠军，高二时拿到了辽宁省日语演讲比赛的冠军以及全国日语演讲比赛的第三名。她每次获得荣誉，都会和我分享，而每一次取得成绩，她都会很诚恳地说："老师，我能取得这样的成绩，都是因为一次次和日语老师更改稿子，一次次与外教老师进行练习，是东北育才学校给予我不断的机会和磨炼，才让我能够脱颖而出，在这些比赛中获得奖项。"我很感动，感动于优秀的学生始终有一颗感恩的心，感动于已经比我更优秀的她，没有忘记她的日语领路人，她的初中日语老师。

已是高二学生的王某熠，某一天和我沟通时提到她的父母更想让她到美国的大学去学习，而她自己似乎更钟情于日本。我没有给出更多的建议，但是我说："你在日语学习方面已经很优秀了，参与过学校的交流活动，对日本的学习生活也有了一定的体验，但是对于美国，也许你可以去看一看，因为我相信你的独立，你可以多一些文化体验，找到真正适合自己的。当然，还是要和父母做好沟通。"

同一年，我们几名日语老师带领日语班的学生与来自日本富山县的学生进行友好交流活动，那年学校新增了一个环节，就是邀请日方的师生观看东北育才学校的宣传片。与日本富山高中的交流活动已经有近20个年头了，每一次都是中方的学生住到日方学生的家里，并且在日本的学校参加统一的活动，让学生能够走进日本的家庭，走进日本的学校。然后，日方的学生会来到中国，住到中方学生的家里，参加我方学校的活动。之前关于学校的介绍都是教师和学生到校区后进行现场解说，而这一次的宣传片会让日方的教师和学生对东北育才学校有更具体的、更形象的了解。最重要的是，整个宣传片的日语画外音，我一下子听出，那是我们优秀的王某熠的声音。

王某熠如愿考取了美国的大学，我以为她会和日语分开一段时间，结果看到她偶尔发出的朋友圈，发现原来日语一直陪伴着她。因为在美国读大学期间，她还担任了威廉玛丽学院与日本庆应大学暑期项目的领队，又成为了日语老师的助教，结交了很多来自日本的留学生朋友。

现在，王某熠在日本东京的某公司工作，她说她很喜欢自己的工作，几年内应该不会有工作的变动。她说，虽然高中毕业后她去了美国读大学，但她从来没忘记自己曾经想要到日本生活的愿望。每每同事朋友们惊叹于她从未在日本居住过却讲得了一口流利的日语，她都会想，如果当初没有进入东北育才学校的日语班，没有从初中开始就一直接受日语教育，也就不会有今天的她。

（六）感谢王某熠，让我的日语教师生涯异彩纷呈。

在东北育才学校迎来70年校庆之际，我们所有在育才工作的一线教师都不禁回忆起自己曾经教过的一批批学生。在我从教的十余年间，有太多的王某熠，因为他们与日语结缘的那一段初高中时光，因为他们的努力与坚持。无论在国内工作还是在日本、美国等其他国家，他们用国际视野，进行深刻的人生思考，挖掘深度的人生价值，在国际交流的舞台上绽放自己的风采，为国际友好交流贡献自己的力量。每每想到这些，作为一名一线日语教师，我的心中就充满了骄傲和幸福。

（贯红梅老师）

法语那点事儿

“法老”，这是学生们对我的昵称，当初听到这种称呼的时候，我很惊讶，怎么把我联想成那个古埃及国王的形象？学生们笑了，他们说你是我们最爱的法语老师，简称“法老”。这么多年过去了，这个称呼一直陪伴着我。我和法语的学子们相伴，看着他们成长，带着他们在法语的世界里遨游，领着他们走进法语区的国度……届届的学生毕业了，但他们在法语学习的道路上勇往直前。优秀的学子很多，忆起往事还是那些稚嫩阳光的面孔，那些不曾忘记的法语课片段，那些不断求知和我讨论的情景，那些法语活动中令我惊喜的出色表现，那些毕业后常回家看看的你们……如今我在育才园里静候佳音。

（一）Pas à pas，on va loin. 千里之行，始于足下

人物介绍：钱苏楠，2009级英语特长班学生，2019年她以全额奖学金毕业于Mount Holyoke College（曼荷莲学院），全美第一所女子大学，也是美国交通部长赵小兰的母校。在大学里，她主修数学、经济学双学位，辅修法语专业，并且连续两年获得校内法语系颁发的奖项。10年间，她一直在学习、运用法语，用日复一日的勤奋和持续不断的兴趣追逐着在法语学科上的进步，并取得了优异的成绩。

初中时期，小钱是法语课代表，她对法语学科充满了浓厚的学习兴趣，促使她在课堂上百分百集中注意力，不错过老师的每一句话，不放过每一个知识点，为她日后的法语学习打下了坚实的基础。学习法语的第一步就是学习发音规则，掌握了法语的发音规律，即便看到一篇一个单词都不认识的文章，也可以在不依赖其他任何帮助情况下把它读下来。课间，我总能看见小钱拿着法语书拼读单词、朗读句子，利用零散的时间把入门这关突破。法语是联合国的工作语言之一，因其用法的严谨，在国际上，重要文件都是用法语书写。因此，学习这门语言，学生们将面对繁杂的语法、众多的动词变位和少有规律可言的阴阳性变化，这些都没有磨灭小钱学习法语的兴趣，她将需要背记的内容都清晰整齐地写在笔记上，并且坚持每天课后复习，一丝不苟地背牢。翻开她的法语课本和课堂笔记，里面全部是工工整整的记录和反复学习的痕迹；厚厚的卷纸被粘贴得整整齐齐。她的优秀笔记照片至今仍是

我向各届学生展示的范例。课上，我结合课文内容向学生介绍文化常识，为他们打开了一扇新世界的大门；我常给学生们推荐一些课余法语资料，促进他们应用法语，领略法国文化。小钱每周不论学习多忙，都会抽出时间在新闻网站上听法语新闻、阅读法语报刊、观看法语电影跟读法语字幕。法语学习对她来说从来不是枯燥的重复，而是她乐于坚持下去的兴趣爱好，是一项难得的技能，更是带领她通往更大世界的敲门砖。

升入育才高中部后，她丝毫没有放松在法语上的学习，充分发挥了自主学习能力。在选修法语课的同时，她在SAT（美国高中生学业能力测验）自选科目考试中选择了法语。凭借在初中时打下的坚实的法语基础，背诵了大量单词，并且独立完成了许多阅读习题，最终取得了非常出色的成绩。高中毕业后，她在法语方面的突出表现成为了个人亮点，帮助她成功申请到了美国大学的全额奖学金。

她对法语一如既往的热爱和旺盛的求知欲延伸到了大学，她发来越洋信息告诉我，她决定以法语作为自己的辅修专业。我不断地鼓励她。大学里，她不懈深入探索着与法语相关的内容，并且在法语系拿到了全A的成绩，令外国学生刮目相看，自愧不如。

多年的法语学习让她受益匪浅，法语作为一门实用性较强的语言，为她的学习生活带来了诸多便利。在目前的数学和经济学研究中，她阅读了大量由法语撰写的论文，并以此为基础继续自己的学术研究。当她回校看望我时，我都不会放过这个好时机，让她在学弟学妹面前谈谈学习法语的经历。她总是会说："法语基础很重要，一定要打牢，这是一生的财富，带着法语笔记这本宝典走遍全天下。"

（二）Taut vaut l'homme，tant vaut la terre. 一分耕耘，一分收获

人物介绍：钟润行，2010级英语特长班学生，现就读于法国巴黎政治学院（Sciences Po），世界顶级学府，与法语国家的总统、总理做校友，目前在

日本东京大学做交换生一年。

至今，我还很清晰地记得小钟在第一节法语课上的表现。初学法语我让学生谈谈对法语和法国的印象，他踊跃举手，侃侃而谈，我很惊讶他的学识，非常渊博。他说从小就对历史、地理、产生浓厚兴趣，最喜欢读各类历史书，关注时事政治和新闻。他能说出所有联合国成员国以及它们的英文名字，对世界各国简况如数家珍，还可以徒手绘出主要国家和行政区的地图轮廓。这些爱好，也使得他对外语学科的学习尤其有动力，因为他知道，写下“苟利国家生死以，岂因祸福避趋之”的林则徐，出于其可敬的爱国情操和人文关怀，才比旁人更懂得了解世界，与其他国家和文化交流的重要意义。

说起法语，大家自然而然会联想到“浪漫”，可是法语的学习并不“浪漫”，词性、时态、动词变位，当然也包括冠词，同其他学科的重难点一样，非枯燥的重复练习背记无以掌握。他也厌倦过，也像拿破仑坐在圣赫勒拿岛岸边凝望着大西洋的惊涛骇浪一样，对着书本发呆，用外国口音浓重的法语诅咒着法国的一切。当然这一切对于育才学生而言，都只是短暂的考验罢了。爱智求真的他，就像儒勒凡尔纳笔下的福格绅士和万事通，矢志不移环游地球一样，逐渐地理解Rira bien qui rira dernier这样的法语谚语的妙处，能够为一些法语小故事会心一笑，乃至可以阅读法语的新闻、文学、资料等。

此时的法语，才真正是他与另一个民族另一种文化之间的桥梁，才真正让他明白，法语的浪漫，不仅是香榭丽舍华灯初上的两相缱绻，更是黎塞留的运筹帷幄，太阳王的舍我其谁，莫泊桑的嬉笑怒骂，塔列朗的纵横捭阖，顾拜旦的苦心经营，马克龙的意气风发……是古典主义时代欧陆贵族的交谈，是国际会场上各国代表努力把唇枪舌剑表达得准确的画面，更是一个民族在经历风霜拷打后仍然拥抱美好理想的大浪漫。而这种浪漫，与育才的校训“为中华之崛起而读书”，又何其相似。这也让他下定决心，在高中毕业后，远赴法兰西求学，更好地提升法语水平的同时，更深入地去了解另一个国度和另一种文化。

（三）Vouloir，c'est pouvoir. 有志者，事竟成

人物介绍：刘书言，2012级英语特长班学生，初中三年她各科成绩优良，被同学们戏称为“九科课代表”。而在这些学科中，最为突出的就是她的法语，2018年凭借法语作为复语在北京外国语大学综合测评中取得了优异成绩，并顺利考入北京外国语大学学习小语种斯洛文尼亚语专业。

特长班学科多，课程多，自习少，小刘课上认真听讲，课后高效学习不懂就问，该学的学，该背就背，开开心心地把知识学到了。些许语言天赋，对法语的挚爱，再加之勤奋努力，成绩尤为突出。法语知识点繁多，她也并不是即刻就能掌握。在课上，她认真思考，做好笔记，我抛出问题她总是第一个举手，回答问题最多的也常常是她。课下经常与我讨论问题，稍有不懂就一定要问个清楚。在平时，她坚持“自己听得懂不算会，给别人讲得明白才是真的会”的原则，主动为同学答疑解惑，成了我的得力助手。在上下班搭乘的地铁上，我有时会遇见她，总能看见她拿着一个小本背记单词、课文句型。她有一套自己的学习程序：先复习笔记，再完成作业，而后预习新课。小刘积极参加校内外的法语活动，她是朗读比赛的最美声音，是法语戏剧比赛中活泼的售货员，是演讲比赛的那个令外教都拍手称赞的最佳，是法国大使馆写作大赛的十佳作者……从一次次经历中，她收获能力与快乐。

进入高中之后，她在法语选修课上继续学习法语，阅读《法语学习》杂志，听法语广播，做专项习题，拓展知识面，并在高一下暑假取得了TEF（法语水平考试）的B1等级。

在高考前夕，以个人成绩和语言特长，小刘获得北外综合评价测试招生资格并在众多考生中脱颖而出，在法语复语测试中取得了优异成绩，并最终因此顺利考入北京外国语大学。这不是偶然，是对她多年坚守初心的最好回

报。她扎扎实实打好根基，又在初高中阶段不断拓宽文化视野，深化语言体悟。厚积六载，一朝薄发。

回望她曾经走过的路，并非平坦笔直，却也充满着欢声笑语。纯真、勤奋、坦然、淡定，伴随她一路走来。她以真心恒心学习法语，法语为她带来的是语言能力，是跨文化交际的视野，是享受生活的人生态度。看似意料之外，实则情理之中。日积月累，终有聚沙成塔之时，化险境为通途之刻。

教师寄语：一门语言之于一个人，好比一副眼镜之于一双眼睛。身边的大千世界缤纷绚丽，也许我们知之甚少，只因你的能力与层次并不足以让你感知到他，让你领悟到他的美。语言并不仅是一种沟通工具这么肤浅，他凝聚着一个民族、一种丰富文化的智慧。透过一种文字，你学习着他背后语言世界的人们，以及他们所拥有的文化、习俗、科技，并用之武装自己，增长储备，让自己处在一个新的高度领略你身边的世界。法语，一个可以引领你走向世界平台的学科。Allez-y，mes élèves!

（李嘉鸿老师）

/第二节/

家长篇　做优才教育的同行人

学校教育对于一个学生的成长固然重要，但是家庭教育的重要性同样不可小觑。学生在学校的时间仅仅是一小部分，但是家庭是学生成长的一个最重要的环境和土壤，因此我们与家长积极携手，在孩子教育培养的过程中互通有无、通力合作，成为优才教育的同行人。

一、与家长同行　守护理想之光

教育是社会现象，而家庭教育是一切教育的根基。无论学校教育多么重要和不可缺少，也绝不能代替家庭教育的影响和作用。多年里特长教育取得了家长的认同和支持，一同守护学生的理想之光。

东北育才　梦想起航的港湾

——邱实妈妈

2016年3月，和煦的春风渐渐吹暖了沈水之阳，这片古老而充满活力的土地悄然淡去了素裹银装，伴随着春姑娘轻盈的脚步而又洋溢出新一轮的勃勃生机。春姑娘来了，在她甜美的微笑中，美国大学的录取季也拉开了帷幕，多所美国名校向我们的宝贝女儿邱实伸出了橄榄枝，如斯坦福大学、全美文理学院排名第一的威廉姆斯学院、公立大学排名前列的加州大学伯克利分校等，尤为值得庆贺的是，邱实成为了斯坦福大学在东北地区直接录取的第一人，且拿到的是全额奖学金录取的Offer。这沉甸甸的收获和激动万分的喜悦，承载着邱实10余载夜以继日的书海遨游，浸透着众多优秀老师辛勤耕耘的汗水，更源于东北育才这片沃土的滋润，离不开东北育才这个让无数孩子梦起梦圆的港湾……

沿着时光隧道，我们回到了2010年7月，在那个骄阳似火的夏日，邱实同学以优异的成绩考入东北育才学校初中部英语特长班，满怀着对知识的渴望，踌躇满志，开始了梦的起航。

东北育才学校的特长班教育，可以说是因材施教的成功范例。英语特长班注重学生国际视野的培养，广泛与国外名校合作，为学生胸怀世界搭建了国际化的平台。教师优化英语教学，实行中外英语教师联合授课，注重培养和提高学生的英语应用能力。同时开设了法语课，作为学生的第二外语，为培养双外语人才打下良好的基础。

育才的每周自测，有些人持怀疑态度。但我们认为这一做法及时检验了每名学生一周的学习效果，使学生清楚地了解自己对知识点的掌握情况、与其他同学的差距，形成“比学赶帮超”的良好氛围，有助于及时调整学习节奏，形成学、练、测、再学、再练、再测的良好循环，使所学知识不断得到巩固和加强，这种学习考试机制邱实颇为受益，初中三年的学习成绩始终在年组名列前茅，也为顺利直升东北育才高中奠定了基础，同时也锻造了坚韧的性格，提高了心理承受能力，面对学习和生活中的困难和压力都能泰然处之。

初中、高中六年，邱实一直担任班长，主动为老师分担了班级很多日常性事务，初中时还担任学校文艺部副部长、校学生会秘书、多门学科的课代表等多项职务，这使她得到了充分的锻炼。比如：安排升旗仪式、安排晨检、安排假期护校等，锻炼她的人际交往能力、协调能力、组织能力和领导能力，受到同学和老师的一致好评。这些职务包含的事务性的工作非常多，占据了许多的学习时间，这些因素不仅没有影响她的成绩，反而提高了她合理安排时间，学会统筹兼顾学习、工作之间的关系和解决问题的能力。她连续六年被评为“校优秀学生干部”，2012年被评为“沈阳市优秀学生干部”，2014年7月在上海参加“闪亮之梦”全国中学生模拟联合国大会，与来自全国30多个重点高中的优秀参赛选手切磋交流和较量，最终获得最佳代表的殊荣。

东北育才学校丰富多彩的文艺和体育等活动，使学生的兴趣爱好得以充分的发挥，学生的团队协作精神和公平竞争意识得到充分的培养。邱实酷爱音乐，钢琴十级，喜欢唱歌，育才恰好为她搭建了可以展示才华的舞台。她曾在初中部举办的“育才好声音”歌唱比赛中荣获第一名，在高中部组织的歌唱比赛中获得“十佳歌手”的称号。策划“班班有歌声”合唱比赛，组建了一个小乐队并担任主唱。她虽然体育方面不太擅长，然而当班级需要有人报名跳远项目的时候，作为班长，敢于自我挑战，关键时刻挺身而出，勤学苦练，终于在学校运动会上摘得跳远金牌，为班级赢得了荣誉。班上有些同学知道，这枚金牌是邱实同学用一个多月的苦练和汗水换来的。

热心公益事业、坚持奉献爱心是邱实的优良品质。她一直关注盲校儿童，教盲童唱歌、弹琴、说英语，组建盲童乐队，组织编排文艺节目，为盲童收集儿歌及多种有声读物，下载到MP3存储卡里，定期送到孩子们手中。和社会爱心组织“爱之光”合作，录制个人翻唱CD“让世界充满爱”，在多所学校及慈善晚会上义卖，得到了诸多爱心学生和社会人士的广泛支持，所筹善款为盲校孩子购买了“视觉刺激仪”、盲杖、盲文纸等用品。她作为高中部社团联合会主席、东北育才集团学生会副主席、东北育才青年志愿者协会创始人之一、阳光志愿者社团活动负责人，号召同学们将温暖、感动与正能量传递给身边那些需要关爱陪伴的人。组织参与图书义卖，定期组织看望孤独症儿童；组织阳光志愿者社团，录制有声读物送给盲童，为福利院儿童举办话剧义演、添置棉衣；创意并组织烘焙社学生与新疆部学生联合制作生日蛋糕，为这些新疆部学生庆祝生日，让他们得到家庭般的关爱；组织高中部、悲鸿美术学校的同学带着自创的书法、绘画、工艺美术作品等进行义卖；多次组织几所高中学生参与“为光明奔走”活动，为特殊群体献爱心，担负一份社会责任。

邱实常说：“育才最了不起的地方之一，就是让我们各种爱好都有展示发挥的空间，而且育才注重学生社会责任感的培养，阳光志愿者社团和东北育才青年志愿者协会的发展壮大就充分说明了这一点。”在育才这个广阔天地里，学生学会了对时间进行科学管理和规划，在有限的时间内做更多的事情，在活动中创造力和领导力都得到了锻炼，取得更多的成绩。

长风破浪会有时，直挂云帆济沧海。白驹过隙七十载，东北育才以其博大精深的思想和学术甘霖滋润着一批又一批的育才学子，培育了他们勇于逐梦的精神，为他们插上了腾飞的翅膀，莘莘学子定不负母校教诲，披荆斩浪、扬帆远航，昨日你以育才为荣，他日育才以你为傲。

花香满径　芬芳满心

——金星宇妈妈　李莎

寒来暑往，在平凡而又快乐的日子里，儿子一天天长大了，忽然发现，其实自己也在慢慢地学着和儿子一起成长。和天下所有的母亲一样，从十月怀胎开始，我就计划着如何做一名合格的母亲。可是在儿子成长过程中，还是让我体会了许多的措手不及和困惑，但无论多难，我还是会陪着他一起经历这段短暂而快乐的成长时光。

（一）鼓励孩子 树立自信

2011年的夏天，儿子如愿考入东北育才日语特长班，刚刚还沉浸在众人道贺的喜悦中，便被接踵而至的周练、月考惊醒。众所周知，特长班的孩子除了要学习正常的学科外，还要在英语、日语学科加快步伐，增加砝码。尤其是进入到这个班级的孩子个个是高手，几轮考试下来，孩子的成绩就显得不再那么漂亮了。怎么办？是疯狂地补课弥补不足，还是进行心理疏导，不失去斗志？我选择了后者。在正常学习的节奏下，我总是告诉儿子，你能够进入这样的学校、这样的班级已经很棒了。虽然成绩暂时不是最优秀的，但并不代表什么，因为每一个孩子都很优秀，谁考第一，谁考最后，都是情理之中，不要觉得难堪。况且考试成绩并不代表什么，真正学到东西才最重要。因此，每次考试后我关心的不是考试成绩，不是排名，而是哪里还有欠缺。就这样，儿子一步一个脚印，每一天都有一点点的进步，完美走过初高中的时光。

帮助孩子培养克服困难的勇气，不仅仅体现在学习考试上，其他方面同样能给孩子带来自信。为了练口才，我鼓励他课堂多发言，多参加各类演讲，多当主持人，多参与学生会活动。一个个活动策划，既锻炼了自己的能力，又得到了成功的满足感。特长班的孩子都是多才多艺的，我的儿子当时个子不高，身材也不好，看到别人唱歌跳舞只有羡慕的份儿。为了打消他的自卑心，我鼓励他学吉他，学跳舞，别人练一遍，他就练十遍，当他在文艺汇演中脱颖而出，当他在日本交流活动中抱着吉他自信地歌唱时，我的眼眶湿润了，不是孩子不行，是我们是否给了他们机会，给了他们自信。

（二）尊重孩子 保护兴趣

望子成龙是每个父母对孩子的希望，如果不尊重孩子的意愿，强行把自己的想法加到孩子身上，甚至剥夺孩子选择的权利，难免会留下遗憾。从小到大，在做每个决定之前我都会和儿子商量，也许会一拍即合，也许会争论到半夜，但每一次我都会尊重儿子的选择。从选校到选专业，每一次都给儿子足够的空间，让他为自己的选择负责。初中毕业时，儿子犹豫去日本还是去美国留学。我就让儿子参加了育才和日本富山高中的交流活动，从富山高中了解了日本文化，从日本孩子身上学到了许多优秀的品质；我让儿子参加了美国耶鲁大学的暑期课程，结交了来自世界各地的优秀学子，开阔了视野。在艰难的选择中，儿子自己选择了更有利于自己发展的方向，现在，儿子学习生活很适应，也很快乐。

记得高中时，我和儿子一起探讨未来学习的专业，儿子斩钉截铁地告诉我，他不想学计算机，他要学天体物理。我当时很烦恼，因为我了解我的儿子，他是真的喜欢天体物理吗？可是我又不能残忍拒绝，无奈，我只好求助北京的同学，带着儿子参观了中科院的天体物理所，让他与科学家们聊天，了解什么是天体物理，让他知道未来研究天体物理的工作环境是什么。之后，我又鼓励儿子参加了与机器人相关的活动和竞赛，尤其是在参加几次机器人大赛后，拿了奖牌的儿子更加自信，并逐渐喜欢上了计算机。在申请大学时他毫不犹豫地选择了计算机专业。进入大学后，好多人都在说计算机有多难学，多枯燥，而儿子却乐在其中，为了完成设计，即使通宵达旦也乐此不疲。都说兴趣是孩子最好的老师，保护孩子的兴趣，尊重孩子的选择真的很重要。

（三）陪伴孩子 全心投入

世上没有完美的父母，就不要去苛求孩子的完美。孩子之所以成长，就是在不断改善自己的不完美之处，在这个过程中，需要父母的全心投入和陪伴。相信每个孩子都有拖延症、三分钟热情、没耐心、不愿走寻常路等问题，我的儿子也不例外。与其埋三怨四，不如学会接受并坦然面对。我和儿子经常会给自己做规划，例如每周食谱、假期计划、旅游攻略等。然后我们会按照计划安排一件件去落实。作为妈妈，我一直紧守承诺，不轻易打破约定和规则，答应儿子的事情无论如何都要做到。慢慢地，儿子也学会了言行一致，表里如一。

记得有一次，儿子放学忘记了倒垃圾，当我接到老师的反馈后，立即带儿子返回学校，弥补自己的过错。也许有人会说不过就是一件小事，何必呢？可是，我要告诉儿子的是：无论做任何事情，责任是最重要的，有错必改是最重要的。现在的孩子不缺少关爱，缺少的是内心的强大和强烈的责任感。我要让孩子感受到家庭的责任和社会的责任同样重要。当孩子出国前推着轮椅带着姥姥、姥爷、爷爷游玩时，我被感动了；当孩子无论学习多忙，每周都要抽空与我们视频聊天，报喜不报忧时，我心疼了；当孩子每次回国都要去看看长辈、老师，参加一些公益活动时，我欣慰了。虽然我的孩子可能还不够完美，但我相信孩子正努力使自己变得更好。

花开花落，云卷云舒，孩子的成长故事每天都在发生，那一件件的琐事勾勒出孩子的成长轨迹，同时也在感动着我，使我视野变得开阔，性格变得坚韧；使我能够不断战胜骨子里的忧郁与厌倦，重新热爱生活。我愿用心聆听，细心呵护，静待孩子的笑脸绽放成这世上最美丽的花。

二、与家长同行　合力助推优秀

苏联教育家苏霍姆林斯基说:“儿童只有在这样的条件下才能实现和谐地全面发展，就是两个教育者，即学校和家庭，不仅要有一致行动，要向儿童提出同样的要求，而且要志同道合，抱着一致的信念。”为了学生的发展，家庭教育与学校教育必须联合起来，形成一股强大的教育力量，切实为青少年的发展奠定坚实的基础。

素质决定未来

——郑鑫鹤的爸爸郑勇

我是郑鑫鹤的爸爸，郑鑫鹤是东北育才学校初中部06数学特长班学生，班长、初中部团委副书记，2010年考入美国THE TAFT SCHOOL高中，2013年考入加拿大麦吉尔大学文学院，2018年考入美国约翰霍普金斯大学历史专业博士。

（一）东北育才学校是一所素质教育的学校，对孩子的人格和性格的影响很重要

素质是指一个人各方面能力和品质的总和。主要体现在以下几个方面：

1. 思想品德：关心他人、奉献爱心、品德高尚、大度大气

郑鑫鹤是中国志愿者，中国保护小动物协会会员，辽宁省红十字会志愿者，辽宁省环保志愿者。经常去儿童福利院、敬老院、小动物保护基地参加公益活动。在2009—2012年期间一对一帮扶一名农村贫困学生。2011年获美国高中（THE TAFT SCHOOL）志愿者奖。

2. 领导能力：班里校里、担任职务、素质训练、提升能力

郑鑫鹤是东北育才学校初中部团委副书记；首届育才领袖素质训练营学员。2009年参加了哈佛领袖素质训练营，对其素质的提升起到了很大的作用。

3. 特长才艺：琴棋书画、艺术体育、奥赛获奖、写作外语

郑鑫鹤在小学阶段就考取了单簧管9级（业余最高级），在美国高中乐团担任首席单簧管演奏者。曾获得全国奥数比赛一等奖，“华罗庚杯”决赛一等奖，全国信息学竞赛二等奖，辽宁省数学竞赛第一名。

4. 环保意识：保护环境、节约能源；生活低碳，减少尾气

2008年郑鑫鹤在沈阳市节水金点子竞赛中获“金水滴”奖；全国节水创意大赛中获最佳项目奖。同时被评为2008年度沈阳市十佳环保志愿者；并获联合国环境规划署表彰。

5. 创新精神：思维开放、善提问题、喜欢思考、琢磨创意

郑鑫鹤勤于思考、乐于创新，其申请的“洗浴废水再生利用装置”等20项实用新型专利获国家批准授权；在美国康州中学生科学技术展中获创新、数学、生物奖。

6. 动手能力：勇于实践、科学实验、自己动手、研究课题

7. 写作能力：收集资料、统计分析、提出论点、找出论据

8. 批判思维：思想活跃、刨根问底、挑战权威、提出质疑

（二）东北育才学校的素质教育让我们的家庭的培养目标得以实现

1. 素质与成绩的关系

我们现在有些家长重成绩轻素质，他们认为：只要学习好什么素质不素质的没用，成绩不好照样不能直升。后一句话说得非常正确，成绩不好肯定不能直升。但是成绩好的情况下为什么不提高一下素质呢？素质与成绩两者不是对立的，而是统一的，实际上成绩也是学习能力的外在表现，学习能力也是素质中的一种能力，素质与成绩是相辅相成、缺一不可的。只抓素质不

要成绩肯定不行，只抓成绩不要素质现在行，将来肯定不行。素质和成绩要两手抓，两手都要硬。所以，成绩好素质高才是我们培养的目标。

有些家长认为培养素质会影响成绩，其实不然，虽然从绝对时间看，是耽误一些时间，但从相对效率看不但不影响学习，还能促进学习成绩的提高。如果他是一个学生会干部，他会认为学习成绩不好别人会不服你，他就会提高学习效率，把从事学校工作耽误的时间抢回来。而做学校的一些工作、在社会上参加一些公益活动也耽误不了多少时间。

2. 从培养孩子角度看三观的形成

我们现在很多家长重物质轻精神。我们的孩子生活在福堆里，有六个大人关爱他们，饭来张口、衣来伸手，上学车接车送，穿衣挑来捡去，吃饭这个不爱吃、那个不对口，身在福中不知福，不知足呀！孩子们如果参加了一些公益活动，他们就会思考，就会比较，就会满足，就会珍惜，就会发生一些变化。当他们看到志愿者们无私地、热情地、真诚地、不图任何回报地为需要帮助的人和动物献爱心时，他们就会效仿，就会学习，就会吸收正能量，就会净化他们的心灵，就会提升他们的品质，就会知道怎样做人，就会形成正确的世界观、人生观、价值观。这一点对孩子的成长是非常非常重要的。

3. 从将来发展来看培养孩子的关键点

我们家长在同学聚会时，是否有这样的感觉，当年班里学习最好的同学，未必发展得很好，而发展好的同学，是那些学习中上等但素质非常好的同学。因为素质好就体现在各方面能力强，能力强业绩就突出，业绩突出就能提拔重用。这种现象说明什么？素质决定未来，而不是成绩。

4. 从升学角度看素质培养的重要性

推荐录取、素质评价逐渐成为高校招生录取方式。靠什么推荐？评价什么？我认为主要是素质。而自主招生和出国留学都需要素质的支撑，你说素质重要不重要？可能我们家长现在还没有意识到这点。如果你是高三学生的家长，你就能意识到素质的重要性，可到那时现抓就来不及了，有的家长说了我高一、高二再开始抓，大家想想，高中要住校了，孩子还有多少时间在家里？还有多少时间参加活动？

5. 从出国留学角度看未来

美国、英国、加拿大等国家的高中、大学录取学生时，当分数（托福、雅思、SAT、GPA）达到最低标准以后，就看你的素质、人格和意识，也就是看上面说的八条。招生办老师有一个计算公式，志愿者加几分、领导力加几分、特长加几分、环保加几分、创新加几分等，最后算出孩子的综合得分来决定是否录取。高分低素质被拒的情况比比皆是，家长朋友们你说素质重要不重要？素质是长期做事做出来的，而不是短期作秀做出来的，现抓是来不及的。

（三）家校协同培育孩子的素质

1. 提高认识和意识

孩子的素质高不高主要原因不在孩子，而在于我们家长和班主任老师的态度，我们家长和班主任老师应提高认识，增强意识，鼓励、支持、引导孩子进行素质教育，不要急功近利、只追求眼前的成绩，素质教育是不可逆的，现在想进行艺术培养是不可能的，没有那么多时间，而现在正是孩子“三观”形成的时候，不进行素质方面的培养，等“三观”形成了再改就来不及了。

2. 充分利用学校资源

我们育才学校校领导和教育处老师非常重视素质教育，开发了丰富的培养素质的平台，班级的工作、各种社团、学生会、团委，都是培养素质的良好资源，多么好的资源呀！别的学校哪有，就看你会不会利用，我建议学生应尽力参与这些实践活动，既经济又实用。

3. 学校培养与家庭教育相结合

培养素质仅仅依靠学校是不够的，学校由于受人力、物力、财力和环境的限制，只能提供一些基本的素质教育，素质教育是要走上社会的，是需要一些平台和基地的，是要参加一些活动的。我们家长应根据我们所拥有的社会资源，应根据每个学生的实际情况和不同的时间段来酌情安排培养素质的计划。培养素质是一个长期的过程，是一个全方位的系统教育，学校和家庭两方面都要努力，仅靠一方面是不完全的，也是不够的。

4. 积极参加公益活动

孩子应积极参加社会的公益活动。有家长问了，怎么参加呀？找一个志愿者组织，参加进去成为他们的志愿者，参加他们的公益活动。同时经常关注媒体，有一些活动媒体上都广而告之，就看你在意不在意了。只要孩子参加了几次公益活动，他就会自觉地、主动地继续参加，一次公益活动其教育效果胜过几次思想品德课，培养孩子的爱心、社会责任心和感恩的心，一生受用。

5. 与众不同、脱颖而出

在进行素质培养时，不一定面面俱到，应根据孩子的实际情况和兴趣爱好来选择，看看孩子哪一方面有潜质、有特长，着力培养，只要有一方面突出就发扬光大，这就是你孩子的个性所在，这就是你孩子突出的地方，这就是你孩子的优势，这就是你孩子与众不同之处，他就能在众多竞争者中脱颖而出。我教育孩子要心胸宽阔，大度大气，学会欣赏别人，告诉孩子你身边的任何一个人“总有一点比你强”。另一方面我又告诉孩子你要有特点、有强项，你要“总有一点比别人强”。只有这样你才能与众不同，只有这样你才能脱颖而出。

总结：

1. 成绩素质，都很关键；吸收正能，形成三观。

2. 不可复制，各有亮点；发挥特质，取长补短。

3. 物质精神，莫要颇偏；身体思想，全面发展。

4. 身为父母，重任在肩；提高认识，马上实践。

/第三节/
学生篇 做优才教育的传承人

每当国旗在校园内冉冉升起，每当校歌在我耳畔萦绕，每一位育才人都会在心中涌起一股骄傲和自豪。30多年间，育才培养了无数的优秀学子，让全中国乃至全世界对东北育才学校刮目相看。他们中有的在国际奥林匹克竞赛的赛场上潇洒应战，勇夺金牌；有的在国际中学生会议和模拟联合国活动中侃侃而谈，大放异彩；有的在国际创新大赛上所向披靡，独占鳌头；有的在国内外外语演讲比赛中旁征博引，无人能敌；有的先后收到来自世界多所最高学府的录取通知；有的在异国他乡的某个领域积极创新，独领风骚，让世人为之瞩目；有的在科学综艺类节目中勇夺冠军。他们已经将自己的身影永远留在了育才的相册，将自己的故事永远写进了育才的历史，而他们的精神也将永远被一代代育才人传承！

一、数学特长毕业生谈特长教育

习近平总书记曾说过，“人无精神则不立，国无精神则不强。精神是一个民族赖以长久生存的灵魂，唯有精神上达到一定的高度，这个民族才能在历史的洪流中屹立不倒、奋勇向前”。那些走出校门的育才学子，像蒲公英一样，把卓越的种子播撒！

魂牵梦萦的母校，以梦为马的时光

——1996级数特班学生 姚重阳

时光真如白驹过隙。

当昔日的班主任向我约稿时，我才恍然发现母校已快迎来70年校庆，而20年前我亲身经历过的校庆依然历历在目。时钟拨回到1999年的一天，在东北育才老校区隔壁的中华剧场里，不到16岁的我作为一名“值周生”充满兴奋地站了三个小时，高声唱着“与共和国一起诞生、一起成长、一起辉煌”的校歌，庆祝东北育才50周年的校庆。

在母校的6年里，我从课堂上学到了有趣有用的知识，更重要的是从学习中升华出的能力、品行成为个人的财富与我终身相伴。

回忆在母校受到的教育，我感到十分的幸运，这种幸运就是能够在人生成长的最重要时段中，有敬业的老师悉心陪伴，与优秀的同学共同成长，在舒适的环境中自由发展。

老师是学生时代最难以忘怀的人。我对育才老师的回忆有很多很多，其中最值得回味的是发生在高三时的一次对话。一次考试过后，班里的同学们纷纷向老师抱怨考试的题量太大、难度太高，即使是老师也没法在规定时间完成考试。时任班主任的李宏杰老师一脸坦诚，甚至“理直气壮”地对气急败坏的学生们说：“你们不要和老师比，老师没有考上清华北大，但是你们可以！”时至今日，我每次回想起这件趣事，都不禁为李老师的幽默、坦诚和胸襟所折服。

韩愈《师说》有云：“弟子不必不如师，师不必贤于弟子，闻道有先后，术业有专攻，如是而已。”道理如此简单，然而知易行难。如今，自己在工作中也时常要扮演“老师”的角色，而当自己亲身经历的时候才发现，要做到高高在上的“好为人师”是多么的容易，而要做到平等沟通的教学相长是多么的困难。幸运的是，育才的这群教师用自己的行动践行了“润物细无声”的教育理念，尽力化解了一群青春期少男少女无厘头的叛逆，帮助他们从懵懂无知的少年，走向成熟、走进社会，开启人生新的篇章。

同学者，同师授业。古人有云：“见贤思齐焉。”育才独特的入学选拔过程，让在我中学的六年时光中一直感觉自己置身于“智商”的山谷中，而身边的同学们都如同是IQ的高峰一般。以至于自己在经历育才生活的百般摧残之后，即使就读清华、设计火箭这样的挑战，都让我坚定地相信自己的智商应付得来。育才的这种残酷竞争环境，某种程度上讲确实是对自信心的打击，但这也是人生走向成熟的必经之途。从少年走向成年、中年甚至老年，压力、挫折、低谷都是难以逃避的现实，更早经历风雨，方能更早见识彩虹。

同学之间当然不只是竞争关系。“八〇后”是独生子女的一代人，中学时代6年的朝夕相伴，让同学成为至亲的同龄人，时至今日，中学时代的同窗之谊仍然是我人生中的最宝贵的财富之一。难与他人交流的人生百味，最后想到的倾诉对象往往还是从少年时代就知根知底的老同学们。

提起育才，最具特点的莫过于英才教育。从初中开始，数学、计算机的特长班就需要经受严苛的数学思维训练。至今我依然记得，烈日炎炎的暑假里，我们要汗流浃背地学习数学；风雪交加的寒假里，我们还要饥寒交迫地学习数学……不过，有点可惜的是，因为资质驽钝，我始终没能在数学或者计算机上取得什么显赫成绩，为母校增光添彩；但是，绝对不可惜的是，多年数学训练，让我养成了严谨的思维习惯，最终与国家的航天事业结缘。

提起育才，另外不能不提的就是严格管理。母校的严格管理声名远播，不许留长发、不许穿奇装异服、宿舍床位上的豆腐块、每天雷打不动的出早操，当年的苦楚至今想来倒是可以付之莞尔一笑，笑过之后，我还不得不说，当年在育才养成的一些习惯，时至今日仍让我受益匪浅。

当然，育才的回忆也不全是这般的呆板，这样一群智商、精力都爆表的学生自然有着无穷尽的创造力，母校倒是有先见之明，顺水推舟，极力提供给大家发泄精力的平台，学生自发创办的班刊、宿舍里的广播电台、每年的文艺演出，还有当时尚属尝鲜的选修课，都是一帮青少年发泄多余精力的有益渠道。如今翻看中学时代的宝贵照片和文字，还是会为自己的激情青春感到骄傲。

育才，曾经在我懵懂之时引导我，以正确的方式打开了通向社会、走向成熟的门。人生是永不停步的旅程。今天，我正走向不惑之年，离开母校已经17个年头，虽然校歌的旋律不再熟悉，然而母校教育留给我的烙印却未曾磨灭分毫。这种烙印伴随着我走过大学时光、走上工作岗位，并一直持续到今天。

时光流逝，记忆沉淀。在育才6年时光中的点滴记忆，已然沉淀成我记忆中最美好的片段，也是我生命中最重要的财富。

最后，祝福母校，生日快乐！

姚重阳简历：

1996—1999　东北育才中学　初中数学特长班

1999—2002　东北育才中学　高中部数学特长班

2002—2006　清华大学精仪系　本科

2006—2009　清华大学精仪系　硕士研究生

2016—2017　新加坡南洋理工大学商学院　MBA

2009年至今　中国运载火箭技术研究院某部某室 副主任/某项目　主任设计师

那些关于育才数学班的记忆

——2006级数学特长班1张雅暄

2019年，是东北育才建校70周年，不知不觉，从初中部毕业已10个春秋。记忆越是尘封，唤醒的就越是闪光点。回想10年前，60年校庆的震撼热闹早已销声匿迹，甚至很多知识点都已淡忘，留下的都是数学班的老师同学、学习经历带给我的改变。

（一）那些年　那些人

我爱育才的一草一木一砖一瓦，但我更爱在育才数学班遇到的恩师同窗。

我想也是因为优秀的他们，让我明白学习没有止境、没有比较，但有章法。

学无止境。当年的数学特长一班，有人在数学竞赛上游刃有余，有人在信息学领域过关斩将，还有人利用业余时间发展自己的特长爱好。他们的存在，让我时刻拥有突破自我的动力，也让我知道只要肯努力坚持，人生其实有更多选择，但终其一生，都无法逃脱“学习”二字。更让我兴奋的是，我在育才遇到的，是志同道合，又和而不同的一群人。后来的我们，各自走到了金融、科技、制造、文化等不同的专业领域里，遍布五湖四海，也拥有不同的人生选择。但我相信有一点相通，就是不断突破自我的心境。我认为这是育才留给我们的烙印。

学无高低。我估计这么说有人会反驳，因为当年的成绩单可能是很多人的噩梦。但与其说成绩单上大家是竞争关系，我更愿意理解为是“共赢”的关系。正因为有大家的存在，才能相互勉励，共同成长，最终都成为更好的自己。特别值得一提的是，尽管当年学习压力很大，大家依然愿意“深究而悉讨”，依然乐意相互帮助。成绩虽有高低，但成长没有比较。回首看来，成绩排名都成了浮云，只有成长、智慧和友谊能真正留住。

学有章法。时至今日，我依然完整保存着育才的笔记、错题本、解题方法总结，甚至还曾借阅给家中的弟弟妹妹。这里必须感谢每一位恩师把多年的经验浓缩成精华传授给我们，不满足于“授之以鱼”，更花心思“授之以渔”。特别是，对我的学习习惯、学习兴趣有着深刻影响的张志军老师，其实我们更习惯叫他军哥。我始终记得讲台上军哥生动诙谐地讲着“从前，远处走来一个point”的故事，谁会相信他在讲一类数学题？加上他那句带着浓浓山东口音又极其洗脑的口头禅——“分类讨论啊同学们”。那是我第一次记住，思考问题原来需要很多角度，每个问题都要掰碎了看。还有很多习惯是会影响一生的，比如，错题本、卷子整理。当年的我们会一笔一笔地记下错题，一张一张地粘起考卷。现在的我们不再有错题，不再有育才密卷，习惯幻化成了另一种形态。我会定期在印象笔记中整理自己工作生活中的收获体会，反省自己的不足，持续勉励自己。甚至，把这些收获和经验在技术博客中分享出来，希望能帮助到有需要的人。必须得承认，这习惯会有些费时费心，但我相信这些最终都会成为我人生的沉淀。

感恩这些潜移默化的影响！育才师生始终是我心底里前进的动力。

（二）昨日　明天

昨天的我们一起跟数学较劲，明天的我们在各行各业各自奋斗。可能很多人会有疑问，数学特长班的毕业生，真正做理论数学的有几人，是不是真的有意义耗费那么多精力学数学？虽然我也曾有此疑问，虽然不知道我的同学们怎么想，但以个人经历来看，我非常感激在数学班早早地学习到数论、pascal语言的相关知识。仿佛打开新世界的大门一般，至少让我们在数学信息学领域不那么“文盲”。数学，从来都不适合用功利的眼光看待和学习。人类是复杂的学习系统，就像永远不知道今天形成的神经突触，明天会出现什么清奇的脑回路。但有趣的灵魂就是这样一点点形成的。所有人都很容易看见帅哥美女的青春靓丽，但数学智慧的闪光，只有懂的人懂。

或许这样说太虚了，我来讲讲数学学习到底给我带来了什么。可能讲自己没什么说服力，也没有普遍意义，仅供参考，当然也是为了勉励自己。我现在主要从事计算机视觉算法的研发工作，每天跟海量的数据打交道，愿景是让电子设备拥有智慧的眼睛和大脑。记得刚刚上大学的时候我的导师特别着重培养我的计算思维（computational thinking），也就是如何像计算机一样“思考”和“解决”问题。而计算思维的前身和基础，恰恰是厚重的数学思维。还记得中学时经常用各种方法解一种“最值问题”，在当年的我眼中无非是一种类型题，现如今却成了帮助我找到最优方案的基本思维。还记得当年学习的各种复杂数列推导，头昏脑涨地记住各种套路只能慢慢咀嚼消化，现如今却成了节约计算机运算成本的必备技能。昨天你眼里的一粒沙，明天可能就成了计算机的大脑。

不要以为数学只会在工作学习中出现。还记得“袋子里有几个红球白球”的问题吗？就是这个简单的问题让我在玩棋牌、解密室、做旅游攻略时更加游刃有余。概率论本来就是在赌场里诞生的，学得好才能玩得更好，不妨一试？学习是为了明天更轻松更自如，学习数学更是如此。学数学死去的脑细胞总会以另一种方式回馈给我们。希望明天的我们不会因为昨日没有努力而懊悔不已。

那年分班考试，我阴差阳错地进入了数学班，却给了我最美好最难忘的青春时光。

感恩育才，祝愿母校70年校庆圆满成功！祝福老师同学们平安顺遂！

张雅暄简历：东北育才06数特1班（高091班）的学生，中国人民大学信息学院本硕，现就职于北京字节跳动人工智能实验室。

二、外语特长毕业生谈特长教育

从“文明冲突”“软实力”，到费孝通先生提出的“各美其美、美人之美、美美与共、天下大同”，文化自觉、文化自信或许正是跨文化能力的至高境界。从外语特长班走出的毕业生在经历了世界舞台的历练之后，他们对自己的特长教育表达了由衷的谢意。

随梦想驶向未来

——2003级日语特长班学生　陈雨澄

转眼间，距离我最后一次穿着校服走出高中部校门的那个夏天，已经过去了整整十年。

弹指而过的10年间，我在纽约联合国总部写过报告，也曾为了生计在学校刷过盘子；曾面对严肃挑剔的美联储官员们侃侃而谈，也曾卷起袖子带领志愿者们给贫困家庭赶制三万份年夜饭；我在犹他州覆盖着皑皑白雪的山岭间自由滑行，也在达拉斯40℃的骄阳下工作。这十年间，在育才特长部的收获如影随形，静静地灌溉着我的心田，支撑着我坚强地走过艰难，淡然地面对繁华。

育才特长部让我辨识了人生的方向。和所有豆蔻年华的初中生一样，我也曾经站在人生的起点，辨不清未来的方向，不知哪里才是自己想要到达的地方。进入了育才后，我的世界突然变大。我被分到了日语特长班，在那里，我们不仅要学习日语，英语也要学得比同龄人超前。我很快了解了有座光怪陆离的城市叫东京，知道了美国原来有世界上最多的诺贝尔获奖者，听闻了特长部学长们毕业后在世界各地生根发展。高一的时候，育才给了我去日本交流学习的机会，在短短的一周里，我参观了日本高科技的机器人工厂，体验了日本人的家庭生活，和日本中学生一起上了课，这些经历和我熟悉的生活如此不同，让我深深地着迷。我小小的心里，有簇小火苗日益增长。在同龄人埋头苦干，准备迎接几年之后的高考时，我却做起了梦:天地那么广大，世界那么辽阔，我希望去看更好的美景和天光，登最高的山巅去眺望。

进入了育才特长部后，“创造一流，走向世界”的校歌一直鞭策着我们。日语特长班的班主任陆远老师不懈地介绍着日本乃至全世界的文化，鼓励我们放宽眼界，拓宽格局，做“国际型人才”。她请来优秀的学长介绍从育才走向世界的经历。如今想来，世界的和平与进步，祖国的伟大复兴，靠的不是固步自封、墨守成规，而是不断地学习交流，一代代人的改革和创新。无比感谢特长部，让我在混沌的少年时期获得了一束启蒙的光，为我创造了走出国门的机会。

育才特长部让我认知了自身的潜力。十几岁的年纪，正是学习语言的最佳阶段，在日语特长班学习的经历开发出了我的语言潜力，让我最大化地利用了当时的年龄优势。从平假名片假名开始，能听懂外教的发音，能看懂日本新闻，渐渐能读懂日语书。初三的时候，我参加日本语一级考试，在全省所有考生（含高校日语专业大学生）中获得了骄人的成绩。除日语外，我在高中期间还参加了英语托福、法语TCF考试，也取得了较好的成绩。感谢育才，让我在那么小的年纪就有机会接触更多的学科知识，让我明白了，只要努力付出，一切皆有可能。

正是在育才特长部激发出来的自身潜力使我在大学期间完成了经济、数学、生物、化学四个专业的课程。幸运的是，和育才一样，我所在的曼荷莲学院给我们最大的自由来学习自己想学的科目。除了这些，我还选修了天文、艺术、戏剧、舞蹈等专业的课程，把每一天的时间都排得满满的，常常是连轴转了一天回到宿舍还要连夜做功课。当我的美国同学们商量着春假去哪里玩的时候，我仍在绞尽脑汁想怎样才能把所有科目的作业都完成。当我的美国同学们周末出去参加课外活动的时候，我往往不是在宿舍写论文就是在打工刷盘子。这样的生活听起来很无聊很痛苦，但是当时的我却乐在其中。在育才特长部的经历给我打下了良好的基础，也给了我信心，我明显地感受到我比别人更会合理安排时间，我比别人有更多的精力。有人说，你的核心竞争力来源于你受过的苦和遭过的罪，虽然我并不把这些经历当成是受苦和遭罪，但是纵观我后来的就业和做人，这些额外的付出确实一点一滴地铸就了我的竞争力，让我能够在同龄人中显得与众不同。同时，这些经历也磨炼了我的意志，让我不害怕艰难和孤独。经常有同学和同事问我，为什么总是要不停地开发自己的潜力，多学一些当时看似没用的知识？育才特长部的经历告诉我，有的时候比别人多读一些书，多走一些路，都是为了在一切已知之外，保留一些超越自己的机会，让未来拥有更多可能。

育才特长部让我笃定了未来的选择。离开育才10年，现今已届而立之年，虽有舒适安逸的生活，但年少时在育才特长部的经历让我觉得自己可以比现在做得更多，做得更好。回首往事，我最快乐的时候是有了梦想，并为之奋斗的时候。初中的时候，当别的班的同学都完成了一周四天的周练考试，而我们还要在周五备考日语的时候，我的心里是快乐的；高一的春节，当我在北京新东方独自一人学着托福过春节，我的心里是快乐的；当我在大学宿舍里研究着基因与性格的关系度过假期，我的心里是快乐的；当我一次一次地为客户接洽，让客户满意，我的心里是快乐的。为了梦想而奋斗的过程就好像一场马拉松，心里清楚终点线就在前方，自己所走的每一步都离终点更近了一些，每一次呼吸，每一个脚印，每一滴掉下的汗水都变得有意义。特长部的经历让我明白，我要在不停地为梦想而奋斗中度过未来的时光。

现在的我仍有许多梦想， 我梦想永远无愧于哺育我的母校与老师，我梦想以自己微薄的力量回馈社会，我梦想把中国的文化传播到世界上更远的角落。育才特长部让我有实现这些梦想的基础与能力，让我有经验和自信面对人生的这场宏大而又充满无限可能的马拉松。

我会一直记得育才母校，记得那群孜孜不倦的老师和一起奋斗的同学，记得那些当时认为永远做不完的试卷和跑不完的操场。值此育才校庆70周年之际， 让我们同母校一道随梦想驶向未来。愿我们始终记得，有一种力量，一直在支持我们前行，让我们在风雨中感到温暖，让我们在迷雾中也可以坚定地走下去，让我们知道路的尽头会有繁花遍地。这一种力量，就是东北育才特长部的教育。

陈雨澄简历:2009年毕业于东北育才学校日语特长班，被美国马萨诸塞州曼荷莲女子学院录取并获得全额奖学金。4年后获得经济数学与生物化学双学位。毕业后进入美国高盛投资银行，现为该行证券部大宗商品贸易管理Vice President（副总裁）。

从育才起航，好好看世界

——2007级英语特长班　孙媛媛

在搜索引擎上输入“东北育才特长班”，网友们往往会提到：竞争激烈，课业繁重，考试压力大……但说出这话的，多半是对育才特长班不甚了解的人。诚然，东北育才作为一所顶尖学府，其优秀的师资力量和教学质量早已使其知名度走出东三省，走向全国。但这并不意味着育才特长班只培养成绩优异的“书呆子”，因为特长班之“特”，远不止于学业的出类拔萃，更体现在育人的方方面面。

我于2007年考入东北育才初中部英语特长班，毕业后通过新加坡政府在育才的招生项目获得奖学金，15岁独自离家去往新加坡留学。8年时光一晃而过，我已从新加坡国立大学商学院毕业，即将进入摩根大通银行新加坡分行工作。转眼从育才毕业多年，很多初中时的记忆都已有些模糊。然而回首来时路，每当提起母校，我才发现人生路上的很多重要抉择似乎都早已在初中时埋下了伏笔。我的育才故事，可以从填报入学分班志愿时开始讲起……

（一）语言特长，受益终生

收到育才录取通知那一刻的激动，我至今记忆犹新。我所在的那一届小升初考试中，只有286名同学从九千余名考生中脱颖而出，有机会进入育才初中部，竞争可谓十分激烈。而随之而来的分班考试，更是一个“优中选优”的挑战。那时我对于各种特长班的区别还不甚了解，但考虑到未来计划出国留学，我最终选择了英语特长班，希望更高难度的英文课程和法语学习能够为以后留学铺路奠基。记得填志愿的那一天我心里的感受云淡风轻，丝毫没有意识到这一个决定会改写自己的一生，每每回想起来总会有种缘分使然的感慨。

人们常说“授人以鱼不如授人以渔”，直到离开育才，我才真正意识到英特班所培养我的语言特长，并不仅仅体现在比同龄人更好的英文读写能力，更表现在语言学习能力和效率的提升。在育才英特班，初一学完初中英文课程，初二学习高中水平课程，到初三时老师已经会用大学英语考试试题来进行测试。英语学习的进度已是飞快，还需要从零开始接受法语这一门新语言，更是不小的挑战。从语法课到外教课再到周练考试，也曾抱怨过学校严格的约束，然而当我离开育才的怀抱，才意识到这种高强度的语言学习不仅给了我们英语能力上的绝对优势，最重要的是让学生掌握了高效、系统的学习方法。

这些我在英特班积累的优势，在我出国进入到全英文授课的环境时，得到了充分的体现。还记得初到新加坡的第一个假期，学校要求只有英文成绩达标的奖学金生才能回国放假，其余人都需要留下接受额外的英语培训。同届的三十几个奖学金生中只有五六个达到了要求，其中我和我英特班的另一名同学都顺利通过了考试。奖学金生无一不是来自各省名校的佼佼者，这样的结果足以证明育才英特班英文教育水平之高。后来当我进入新加坡银行实习时，很多中国同学都觉得自己因为语言交流的障碍无法完全融入工作环境，总是觉得和同事们“不够亲近”，可我却丝毫没有这样的困扰：不仅工作上和同事交流非常顺利，生活中偶尔用英文开起玩笑也毫无障碍。我自认不算天资聪颖，能有这样的优势可以说完全得益于初中阶段的“笨鸟先飞”。英特班的教育模式充分把握住了15岁之前这段外语学习的最好时机，“听说读写”俱全的教育方法不仅为我打下了更为扎实的语言基础，更培养了我系统学习英语的能力，这让我在后来更深入的英语学习中仍能维持住优势，也更好地融入了新加坡的学习和生活。

（二）全面发展，初露锋芒

除了学习能力的提升，我对育才最感恩的，是在校期间丰富多彩的课余生活对于我个人能力的培养和提升。在很多老师眼中，我是个典型“不务正业”的孩子：我初一时就加入了学生会，到初三成为学生会主席，三年在校期间我频繁地以组织者或参与者的身份活跃于各类学生活动当中。作为特长班的一员，对于成绩的高要求是毋庸置疑的，但老师们从未因为学习原因阻止我参与各类活动，甚至经常鼓励同学们去挑战自己、全面发展，这与育才重视素质教育的理念是分不开的。

育才在我身上埋下过很多兴趣的“种子”，它们在我后来的生活中都逐渐地“生根发芽”：在育才参加年级辩论赛后我喜欢上了辩论，去新加坡后我加入了辩论队，在初中和高中都担任了校辩论队队长，带领队员屡次获得国际辩论赛冠军和全系列最佳辩手；代表班级在育才“红旗下的演讲”锻炼了我的公众演讲能力，让我有机会获得“新加坡全国中学华语演讲比赛”的冠军；在育才主持文艺汇演等大型活动的经历让我不再怯场，才能有勇气代表新加坡国立大学参与江苏卫视《一站到底2018世界名校争霸赛》和第一财经《头脑风暴——狮城行“生于90年代”》的录制，还作为话剧主演获得“新加坡青年艺术节的戏剧比赛”金奖。而在学生会的工作经验也充分锻炼了我的领袖素质，让我能胜任“全球中国链接——新加坡国立大学分会”的主席，组织策划“2018中国峰会”等一系列面向新加坡全国的大型活动。

这一路走来，是育才的学习生活让我了解到相比较单纯对成绩的重视，更应该成为一个全面发展的人。走出育才，我更加敢于“贪玩”，且有着“样样玩起来就要玩到最好”的信念和决心。这样闲不住的心性给我带来了更多的机遇和成长的机会，但随之而来的也是相比别人更大的挑战和压力。那些失败时的懊丧和熬夜完成学习工作的夜晚同样成为我人生中宝贵的财富：当我不再计较成败，开始单纯享受比赛过程的时候；当我反思失误与不足，不再懊丧，而是坚定地对自己说一声下次可以做得更好的时候，育才给予我的，是一颗面对胜负云淡风轻的心，和一种不会磨灭的精益求精的生活态度，让我真正受益终生。

（三）走出育才，走向世界

弹指70年，桃李芬芳。育才孕育了无数优秀学子，为无数心灵托起飞翔的翅膀。我或许只是万千育才人中的普通一员，可毫不夸张地说，育才却实实在在地改变了我的人生。如果没有育才与新加坡政府的合作项目，我也不会有机会在初中毕业便获得全额奖学金出国留学，更不会有现在所获得的成绩。而在育才特长班，这样的机会还有很多：育才的美名不仅吸引着新加坡、英国等国名校来此选拔学生，同时也有机会参与交换项目出国交流，而英语特长班相比常态班更有着更多与国外学校的老师和学生接触和交流的机会。记忆中我的班级就曾经上过新加坡老师全英文授课的一节数学课，也正是这次机会让我初步了解了新加坡的教学风格并最终决定前往新加坡留学。

作家约翰·卡雷曾说："从书桌上瞭望世界是危险的。"在英语和法语课上了解到的西方的风土人情也拓宽了我的眼界，也让我下定决心走得更远。大学在意大利交换时我利用课余时间走过了欧洲11个国家，18个城市。我鼓起勇气在布拉格的高空跳过伞，胆战心惊地坐过凌晨三点米兰睡满流浪汉的夜间巴士，和朋友在巴塞罗那机场抱紧背包熬过整夜，也在冰岛看极光的平原一脚踩空扑过街。我频繁地背起背包，离家越走越远；时区屡次变更，时差越算越乱。所幸旅行路上诸多纷杂的所见所感所想，换回的是一颗更清明的心。在旅行的路上我更惊讶地发现在世界各地都能遇到育才的校友，无论相差多少届，当我们谈起主楼门前的银杏树，说起停水停电都不停的周练，那些在育才挑灯奋战的日子好像都从未走远过。这些无法磨灭的属于育才人的印记，早已变成了我们人生中最宝贵的财富。

70年砥砺耕耘的风雨历程，70年求索进取的辉煌足迹，母校自强不息的精神激励着一代又一代的学子不断前进着。曾经举起右手宣誓的那句"我骄傲，我是育才人"我从不曾遗忘，感谢育才赋予我精神和智慧，不管将来我身处何方，育才教会我的思考的力量都将一直伴随我走得更远。愿每一位从育才起航的学子都能不忘初心，走过平湖烟雨，岁月山河，愿尝遍百味后你我都能活得更加生动而干净，找到属于自己的那一片乌有乡。

在母校70大庆来临之际，祝同学们前程似锦，祝各位老师桃李天下，祝母校万古长青！

孙媛媛简历：2010年毕业于东北育才初中部，2010—2014先后就读于新加坡南洋女子中学和新加坡华侨中学（高中部），获得政府全额奖学金，现在新加坡国立大学毕业，已签约新加坡摩根大通银行。

远方的向导

——2011级英语特长班　钟润行

时光荏苒，转眼离开母校多年，然而许多的记忆现在想来仍然记忆犹新。尤记得初中入学的第一天，我们的班主任李婷婷老师同全班同学讲："选择了育才，就是选择了远方。"当时我不甚了解这句话中的意味，所能接收到的信息，大概也只迄于育才的确是所不错的学校罢了。如今，当我远方求学，当我不断成长，似乎悟到了其中的深层含蕴。

我难忘育才英语特长班学习生活的日子。其"特长"之处名副其实，也让我受益匪浅。除了英语的特色教学，还开设了一般情况下只有高等教育才会提供的法语课程。除此之外，育才还邀请到了英语与法语的外教，我们可以随时与外教对话交流。这些教育上的亮点助力我在外语学习方面突飞猛进，为我今天出国留学打下了坚实基础。

让我受益更深的则是潜移默化中渗透的外语学习方法，以及学习外语的意识。举例来说，我们每天会被要求将五个英语句子译成中文，并且要背记默写。当时的我们也是叫苦不迭，然而一段时间坚持下来，无论是语感还是词汇量都大有长进。而受益最深的还是写作，这种有效的方法大大提高信息输出的效率，达到"流利"的境界。在我学习法语，以及后来自学日语的过程中，都让我受益匪浅，事半功倍。再有，我们每周五会从英语报纸中选取一篇文章做小组presentation，这让我们锻炼了用英语进行文章提炼总结，以及就一严肃话题发表自己的观点的能力。而这些能力在我日后用英语进行社会科学学习调研的经历中，都切实地助我一臂之力。

育才的外语教育，绝不仅限于简单的知识和应试技巧，更不是定位在狭隘的应付考试上。烙印在我们脑海里的是对外语学习的必要性的认识。目前很多学术领域的顶级成果是用英语抑或其他语言发表、承载着的，中国的为学者若想勇攀学术高峰，带领中国学界迎头赶上，则精通相关的外语毫无疑问是一大必要条件。随着中国的发展，越来越多的外国人来到中国。熟练掌握英语甚至更多门外语，是百利无害的事情。育才为我打开了多扇文化之窗，将欧美文化真切地展现给我。正是以此为触发点，我才能够立志多走走几个国家，而且会尽量在走进每个国家之前简单学习几句他们的语言。我不禁想起我在小学时，曾出于兴趣上网查了很多语言的字母表——范围从法语、德语这些与英语比较接近的一直到泰语、阿拉伯语这些相差较远的，还认认真真地誊抄到纸上。现在想来，这些小时候做的“无用功”到头来没有浪费，真的是要狠狠地感谢一下育才。

在兴趣爱好和个性化发展方面给予学生足够的自由，这也让我在育才期间得以充分和全面地发展。我很幸运进入了一个每个人都善于乐于学习，而且又充满活力的班级。我的同学们不仅成功被国内外知名院校揽入门下，而且各具特长，从军事、围棋这些课外知识，到书法、舞蹈、跆拳道这些才艺，不一而足。而我则有机会在育才结识和我一样喜欢相声的同学和朋友，并且在高中两次登台演出，让大家伙瞧瞧本该“洋气十足”的英语班学生也是可以继承和表演这门天津卫走出来的传统文化的。与此同时，我对理科的学习并没有遏制我对文史政治学科的兴趣，这也为我直接进入巴黎政治学院，与来自世界各地的精英交流关于政经热点问题的看法做好了头脑上的准备。

教育者，教书育人。到最后还是要落在育人上。英特班的教育，透过外语这个棱镜，直接映入人格的，应该是国际化视野吧。诚如政治学家李普塞特所言："只懂一个国家的人，他实际上什么国家都不懂。"只有将中国的情况与其他国家和民族作比对，才能直观地认识到我们在哪里做得好，哪里尚有不足。

我想起在育才的日子，我们能够在校园中接触那些其他国家的老师或孩子，看到他们的一言一行。他们是在我们的学习生活中切切实实存在的、有优点有缺点的人，这让我们不啻对外国有陌生的感觉，从而产生盲目崇拜或畏惧的情绪。也正是因为在育才度过的日子，我才更有动机走到其他国家，去研究为什么法国和德国对于民族的认同不尽相同，为什么美国的直接金融很强大而日本更侧重于间接金融，等等。评价一个国家或社会的方法是多维度的，正如三维的地球无论用哪种投影方式都会产生扭曲一样，把复杂的世界用简单的标准评判也势必是偏颇的。尽量地接受多维度思考问题，试着去理解而不是急于批判，大概才是有别于流于个别文化符号的肤浅的国际化，而真正具有意义的国际化视野的内核吧？而这也是我在距离沈阳近万公里的远方，试图实践的事情。

七十载光阴如白驹过隙，我决谈不上是育才学子中最优秀之流的。而长江后浪推前浪，母校在今后的岁月中能培育出更馨香的桃李，对于我们来说才是一等的幸事。母校七十华诞，无以为报，唯属文以襄，诚惶诚恐。

钟润行简历：2013年毕业于东北育才学校初中英语特长班，随后于2013—2016年进入东北育才学校高中部学习。掌握多门语言，2016年为法国巴黎政治学院录取，现在巴黎政治学院大三就读，并于日本东京大学交换一年。

育才，护我启航，伴我成长

——2011级日语特长班　郝思璐

从六岁到十八岁，我由一个懵然不知的小女孩成长为一个有勇气和信心踏出国门求学的成年人。而这十二年来，风风雨雨，朝朝暮暮，花开花谢，秋去春来。

从东北育才小学到东北育才初中、东北育才高中，我一直在育才校园里成长，和育才校园十分亲厚。而初中三年转瞬即逝的时光，让我成为日语特长班的一分子，给了我除了高考之外另一种拓宽自己视角的选择，因而更使我难以忘怀。

（一）日语特长班给予我求索知识的力量

还记得小学升初中考试之前，在填写志愿的时候，我选择了外语特长班中的日语特长班。仔细回忆一下当时选择日语特长班的理由，我想只是因为自己相对擅长学习语言，并且对在国内流行的日本动漫和日剧有兴趣而已。但当我真正进入了日语特长班后，从一开始的背假名和单词，到后来的阅读长篇日语文章；从练习基础语法到用日语作文；从一次次磕磕绊绊、词不达意地与日语外教老师交流，到能准确地用日语表达自己和参加日语演讲比赛……日语已经逐渐成为了我的一种能力和一技之长，为我以后的海外留学生活提供了极大的帮助，更成为我在与国外学生交流时的必不可少的工具。

初中时的日语学习还是日语启蒙期的教学，在面对一种全新的语言时，我初中时期的班主任陆老师非常注重口语能力的培养。除了每次上课时带领我们大声诵读课文之外，还在课后单独辅导纠正我们每个人的日语发音，并且在日语学习后期鼓励我们参加演讲比赛，在班级同学面前进行演讲练习。这使我们在学习一门全新的语言时不对它心存畏惧，而是充满自信地运用语言，也同时在不知不觉间为我在大学校园生活时的课堂发表言、小组讨论等活动奠定了扎实的基础。

初二下学期我们开始准备日语能力水平测试，在专注于冲刺备战N1和N2日语能力水平测试的过程中，学习日语渐渐变得不再仅仅只是我们的一个兴趣，而是成为我们以后在求学、求职以及求知的路上一把锋利的宝剑，帮助我们披荆斩棘、收获机遇。日语特长班虽然以教学日语为特点，却并没有放松对英语的学习，而是当成了另一个重点来学习。两门语言的把握不仅让我们的语言能力得到大幅度的提升，更让我们有途径接触到不同的文化与价值观，我们的视野随之拓宽。由于对不同文化的关注和理解，我们对文化的包容度也变高，从而使我们的心胸也变更宽广。这种见识和包容度使我们在遇到问题、处理问题时可以不被大众舆论轻易诱导，在信息化的时代里保持一种理性与宽和的态度。这两种语言更帮助我们在国际化社会里自由地发挥能力，与更多的人和机会相遇。

除了日语学习，另一个让我受益良多的便是去日本家庭体验生活的寄宿家庭活动。通过和日本学生交流、参观景点、吃饭，我体验到了学习知识时体验不到的日本习惯与文化。他们的礼貌、谦逊和热情更无一不让我体会到国际交流的重要性。这个活动让我了解了两国文化的碰撞，更让我结交到了一些善良努力的朋友。

正是因为有这样重视实际应用能力的教育模式和丰富多彩的活动，才培养出一个个有能力走向世界名校的优秀学子们。

（二）育才指引我成长，给我家的温暖

每一位育才学子，在离开母校后总会忍不住思念，每逢假期都会尽量回去看看。这当然是因为我们以育才为骄傲，更是因为育才校园是我们成长的家庭，承载着太多温暖的回忆。育才，不仅仅培养一个人才所必须具备的才干，同时也培养着一个人才所必需的品格。

还记得我在上初中的时候，我的班主任有好多句名言，每一句我都铭记于心。其中有一句叫“扔下耙子就是扫帚”，这句话通俗易懂，十分接地气。这句话形容人很勤劳，提醒我们时间紧迫，要注重效率。但每次班主任说出这句话时，我总能领会出一种时不我待，要及时付出行动的魄力和勇气。在我如今的大学生活里，有时也会存在任务量太繁重，焦头烂额的状况，这种时候我的脑海中总是不自觉想起这句话，仿佛又充满了干劲儿，不是坐在椅子前愁眉苦脸，而是按轻重缓急的顺序完成一件件学习任务。“扔下耙子就是扫帚”，每当想起班主任说起这话时干脆利落的模样，便觉得是警醒也是鼓励。这样的教育潜移默化、影响深远，不仅仅教会我们做事的态度，也培养出我们遇事不轻言放弃，勇敢付出努力的品格。

初中三年的时光转瞬即逝，我们在校园里欢笑哭泣，在主楼门口的那棵枫树下拍照留念，“十二·九”在校园旁边的中山公园长跑，在课堂上望着题目愁眉苦脸或者奋笔疾书……这些温暖深刻的回忆里包含着同窗的陪伴和恩师们的培育，这些都是我永远的珍宝，在我仍旧前行的求学路上指引着我，激励着我，一直闪着光。

如今我的母校即将迎来她70岁的生日，我喜悦而骄傲，育才校园以“自信、自强、自豪”的校训，以“为中华之崛起而读书”的信念培养出一批批优秀的学子，我很荣幸成为这其中的一员。如今我以优异的成绩考入日本的名校一桥大学，虽然求学之路还依旧漫长，却也是我对母校回报的开始。从前在升旗仪式上我们经常说“今天的我们以育才为骄傲，明天的育才因我们而自豪”，如今我依旧用这句话来激励自己勇往直前，让母校因我而感到欣慰自豪！

郝思璐，2017年毕业于东北育才高中部。同年考入日本一桥大学社会学部。最喜欢的一句话就是：天赋如同自然花木，要用学习来修剪。

人生不是一台复读机

——东北育才日语特长班带来的国际视野

2011级日语特长班　金星宇

有人曾经不解地问为什么在很多人渴望拥有轻松的学生时代，我会选择多学一门日语。在东北育才学校日语班学习了六年，已经踏入大学校园的我重新思考了这个问题，并找到了答案！日语特长学科的学习给予我知识，更让我拥有了现今社会中国际型人才应该具备的四种能力：逻辑思考能力、抗挫折能力、沟通能力和团队协作能力。

（一）日语学科与学习能力：从逻辑思考到知识整合

在日语班学习的过程中，我们第一个需要克服的问题便是压力。在初高中原有课程设置的基础上，我们不仅加大了英语学科的学习难度，还加入了日语学科的学习。不同于其他学校的课程设置，我们学习日语从未把这一学科看作是第二外语，而是把这一语言能力的培养和其他科目完全看作是同等重要的。在这样的环境下，我们也养成了与众不同的学习品质：深刻思考，提高效率。目前，这种学习品质，一直在帮助我更好更有效率地完成任务。

所谓深刻思考就是思考分析问题的过程，将复杂的问题经过多次思考过后化繁为简。很多学生在中学阶段选择一遍一遍地做题，用题海战术取得在校的好成绩。这种方式在题型考点比较局限的中学还可行，但是大学的学习生活，使我深切地体会到了人外有人，天外有天。在这样高手云集的氛围里，最重要的绝不是一个人曾经做过多少道题，得过多少高分，而是如何快速适应身边新的环境，融入新的集体。一门语言学习背后的知识是源远流长的。以我们日语班为例，日语的学习比起说是日复一日的背单词、学语法，更像是从基础了解日本的文化，在不断的阅读中体会语言的用法，在对问题的分析中学习如何将其付诸实践。这样的学习我想是在特长班以外的那个为了得分已经忘记学习初衷的世界里很难习得的重要人生哲理。

而提高效率便是解决问题时的学习态度。引用我们班主任陆远老师经常对我们说的一句话："什么是领袖？领袖就是可以同时干多件事，还都能干好！"我们在特长科目的学习过程中感受到了提高学习效率的重要性，明白了什么叫"扔下耙子就是扫帚"的时间紧迫感，也体会到了积少成多的能力培养。陆老师十分强调理解与应用的重要性。从每节课必备的课前演讲，到利用小块碎片时间带领我们讨论不同话题，在陆老师的带领下，我们开始着手于了解世界各地的人与事，培养了自己独立思考的批判性思维。每天的课前演讲看似只是一段不到五分钟的上台机会，但细细想来，由于我们的坚持，初中三年下来，班内的每位同学都已经可以在台上将自己的想法娓娓道来。也正是因为在日语特长班这样机会的积累，使得我们拥有了一种不怯表达的气场和敢于直面挑战的大心脏。

"深刻思考"看似复杂，其实只是一个学生理解自己究竟在学习什么，为了什么而学的过程；"提高效率"看似高端，其实只是对学习态度的端正和对碎片时间的合理利用。日语班的学习让我得出了"三个自己理论"：我们做的每一个决定都不要让未来的自己后悔。当遇到困难的时候要时刻铭记，现在自己的痛苦将会成为未来自己的幸福。通过不断的思考和练习，提升自身的工作效率，将困难化整为零，解决课内学习乃至日常生活的种种问题。在育才特长班学习时带给我的逻辑分析，并将知识整合在一起的能力让我得以在国外大学一展风采，为中国沈阳代言。

（二）语言学习与人际交往：从一个人到一群人

我认为日语特长班给我带来的最大财富不仅仅是上述让我受益终身的学习方法，更是我身边这群陪我在同一间教室奋斗了6年的亲同学。是他们让我拥有了这个世界上最美好的中学生活。

日语特长班和其他班型最大的区别是：学习时对待分数和能力的态度。在现在这个课外辅导的热潮下，很多学生和家长的目光都紧紧地盯在了成绩单和排名表上。也正是因为这样对学习的误解，造成了很多家庭因为孩子的小失误火冒三丈，现在的孩子也多出了那个不知道在哪的竞争对手——别人家的孩子。于是对学习的曲解就在压力与竞争下日趋严重，好似考试和作业就是学习的全部。可是在日语特长班的学习让我感受到了学习才不是哪一次次考试做出的决定，而排名更不是可以定义一个学生好坏的唯一标准。虽然我们的成绩不是最为理想的，虽然我们的排名在年级并不靠前，但是在日语班我看到了一个真正属于青少年的生活状态和生活态度，我看到了一批国际化人才的气场，我看到了沟通与协作是人生中多么重要的一环。

在平时的课程学习中，该学科比较优秀的学生会十分主动地帮助其他同学解决问题，于是也就出现了一次次科目复习午检同学们拿出自己独家总结的知识点分享给全班同学。就是在这样和睦相处、共同进步的环境下，我们锻炼了自己的沟通能力。在一次次考试过后，拿到成绩的日语班绝不会像网上描写的那样低头沉迷，到处弥漫着负能量，因为我们知道与其怨天尤人，不如做好下次。所以我们会聚在一起，讨论自己的不足，弥补自己的不足。我想在这样精益求精的氛围里，我们不仅仅是学会了某一个科目，更是学会了如何学习。

现在我走进了大学校园，也逐渐步入了职场，我逐渐看到了我们日语特长班对待考试态度的长远影响。退一步讲，我们可以把大学生活甚至工作看作是一场考试。然而这场考试和我们在中学阶段参加的一次次期中期末教学诊断，一回回联考截然不同。最大的区别就是：身为考生的你和我不再是一个人了。在中学、小学，甚至幼儿园老师就告诉我们考试不可以作弊，要靠自己的能力考出分数。的确，学校的考试就是这样，否则我们不会学到知识。但是人生这场考试不尽然，甚至可以说是截然相反。无论是在大学生活还是在职场中，想要取得进步，想要获取知识，我们需要的就是去和别人讨论问题的团队合作，需要的就是对已有资源的合理运用。我感谢当时特长班的学习为我带来的同学羁绊，感谢日语班的学习环境塑造出的这真实的感情。虽然现在我的同学遍布世界各地，但在我们平时的交流里我发现我们的感情没有减少。日本的同学在前几天的聊天中告诉我："我觉得虽然我们好久没见了，再见面也会关系很好。"没错，在中学静若处子、动若脱兔的生活环境下，我们的感情不会被时间碾压。我也可以很自信地告诉所有人，我不是一个人在奋斗，我还有那群陪我一起玩、一起认真、一起奋斗的亲同学。

在东北育才日语班的特长学习，我们用自己的行动告诉了世界，我们这届年轻人不是只有佛系与颓废，我们还有挑战自己、突破自己的气魄。很多时候由于学生们复读机似的度过了中学生活，他们并不知道自己对什么感兴趣，更别提以后的专业、工作、日常消遣。在特长学习的过程中，在组织参加各类课外活动的过程中我学会了如何与人合作、沟通，将每个人的知识汇聚成"一个大脑"。我们在成长的路上一直在奔跑与改变。现在处于时代更迭期的我们，面对这瞬息万变的时代，一直在变化的来不及去过多地思虑。更多时候，我们选择的应是向前探索，绝不停止奔跑的步伐。要知道，在我们还有精力和活力的青春年代，在我们刚刚离开父母的庇护开始自主管理自己的时候，无论向左走还是向右走，都是向前走。

特长学科的学习让我看到了学习的多元化，让我明白了复合型国际人才应有的气场和态度，也让我确信人生绝不是一台复读机，他是学生们用自己青春和活力谱写出的一首原创诗。

金星宇：2017年毕业于东北育才学校高中部。现就读于世界大学排名第4的美国加州大学伯克利分校二年级，攻读计算机科学、统计学双专业，辅修日语语言学。

今天，我以育才为荣；明天，育才以我为傲

——2011级日语特长班　姜声慧

“今天，我以育才为荣；明天，育才以我为傲。”

不记得是从什么时候开始，这样一个句子成了我记忆的一部分。不知道是从哪里看来或是听来的，也不记得是什么场景下记住的了，但那时的激动始终停留在我的记忆中。也许听起来这是一个十分“孩子气”的表达，是一个单纯的没什么意义的口号，可是对于十几岁的我，十几岁的我们，十几岁的“育才人”来说，那就是我们真挚的想法。

“育才人”，12岁的夏天，我坐在教室里涂涂改改，反复看着卷子上的1234abcd，怎么也没想到就那样为自己争来了这样一个身份。曾经和无数人说起过，那场考试是我参加的无数考试中心态最好的一场，因为我真的从没想过自己能有资格在那个校园学习！更没有想到的是，那场考试竟真的改变了我的人生！如果没有走进育才，如果不是“育才人”，我现在会是什么样子？这个问题我想过很多次，可是从来也没能得出个答案。在育才度过的6年转瞬即逝，笑过哭过，感激过也抱怨过，但到了现在，坐在大学图书馆电脑前的我回忆起那些时光，回忆起自己身上的变化，想说的有太多太多……

和很多同学不同，我从最开始就抱着想去日本留学的念头进入了日语班学习。但这个念头其实也是妈妈给的，于我而言不过是多学一门语言，会有个离开家读书的机会，并没有想过学日语有多么特殊、多么不同。关于多学一门语言，也因为本身喜欢外语，没多想就同意了妈妈的提议。意识到“从初一开始同时学习两门语言”是一件不可思议的事情。从始至终，我从没认为多学的这门日语是个负担，渐渐地“多学”也开始变成了自然的事情。

就这样，分流保送之后自己开始学起了高中的内容，背起了托福单词；初三的时候和大学的哥哥姐姐们坐在一个考场里考下了N1；高三时和同学们一起在日本的网站上购买练习册，漂洋过海买书邮寄就为了多做些练习题；

大一一边和同学准备着三外的考试一边开始学起了我的第四门外语。这些事情如果不是被周边的人们一次次感叹，也许我们都不会意识到它们是不常见的。也正是因为这种成为习惯的“多学”，让我们成了在日留学生口中的“可怕的育才学生”。

来到日本学习教育的过程中，我了解到了“Active Learning”这样一个近年在日本受到推崇的教学方法。简单地说，就是将“讲座”形式的课程设置转变成“讨论”形式，其中也提到了在多种教学方式之中“让学生教其他人”是最有效的。当我听到这段讲述时，我回想起了从初中开始一直在日语英语课前进行的小演讲，还有每天午检时同学们做的小报告。也许还没有“Active Learning”这个专门的专业术语时，我们就已经接受着并且早已习惯了这种分享自己的知识和想法的训练。大学的课堂中也经常有需要站在讲台前做报告的时候，本是留学生不得不面对“外语”这一难关的我竟比很多日本学生更加从容自然，这让他们感到惊讶，也让我感到很意外。制作精美且易懂的幻灯片，整理自己的想法，准备发言稿，回答临时提出的问题，这些对我而言是6年来在育才的日常，但这可能真的只是因为我是一个育才人，才会把它当成日常。在育才，在日语班这种先进的教学方式早已被引进被广泛应用，不仅仅对育才学校中学阶段的学习有帮助，在和大学生活的衔接上也起到了非常大的作用，不难想象未来的职场当需要大量作报告以及表达自己观点时育才学生该是多么游刃有余！

说到表达观点的训练，其实在这之前首先需要具备的是拥有自己的观点的能力。在我看来，依然是在日语班的学习让我拥有了辩证思考的能力。对于不了解日语班、不了解日语和日本的人来说，遇到一个12岁开始在学校学日语的孩子，很可能会想到“为什么偏偏是日语”这样的问题。这也是我以及很多同学在进入日语班后不得不面对的质疑。由于种种原因，总是有一些人对日本、对日本人、对日语存在着偏见。在这样的质疑下，我渐渐地从含糊其辞开始变得想弄清楚“为什么我就不可以学日语”这个问题了。当然，这样的转变也多少带着一些青少年的叛逆，不想被质疑，不想被反驳。可就算是因为这个原因，我也确实从那时开始变得愿意去思考每件事的根本，习惯去多问几个为什么。也许说不明白，也许是个歪理，也有可能就只是自己一个人的想法，但是“去思考”这件事本身就有意义。可能有人会认为这个契机并不是很积极，但它确实让我从一个只懂得“听话”的小孩子变成了会自己判断、自己思考、自己钻研的人。

我总说自己是个“孩子气”的人，有着大大的梦想。我现在在大学学习教育心理学，想要做一个心理咨询师，想要从事关于解决家庭暴力问题的工作。听起来很不可思议吧！我的家庭非常美好，有这样的职业理想其实只是因为邻居家里发生了家庭暴力，女儿跑来我家求助。因为这样一个小事情，决定了未来的梦想，听起来很孩子气吧！但是这是我的真实想法，我也确实在为了它努力。说实话，我并不觉得这样的孩子气有什么不好，我甚至觉得那些自主创业或是做慈善的人多半应该都是孩子气的，不然谁会去做那样没有把握的事情呢？往大了说，我认为这种孩子气，就是敢想敢做。

在我看来，这样的胆量和魄力是育才的6年生活给我留下的最大财富。中学生活，我们拥有了非常多的自主权，主题班会的策划、学生会活动的策划，甚至是辽宁省中日友好交流活动的策划我都有或主导或参与过。这样的经验让我明白：只要敢想，只要肯做，都会有结果！即便是并没有成功，那也不代表我们是失败的，因为在过程中我们已经有所成长。

除此之外，前文也有提过，因为学习日语这件事多多少少我们都遭受过一些质疑，关于留学每个人的看法也不同。在种种质疑或是偏见中，我在学会思考的同时，逐渐也学会了坚持自己相信的事情，为自己而活，而不是活在别人的评价里！因为这些经历，在高三时我就那样突然地也毅然决然地选择了并没有前辈考过的心理学。有过质疑，有过劝阻，有过调侃，但我很庆

幸我 “孩子气”地坚持了自己的选择，当然也更感谢遇到了能让我如此保持孩子气的育才。

在东北育才日语班学习生活的6年也恰是一个孩子形成的人生观价值观的6年。毫不夸张地说，我曾无数次庆幸，12岁那年夏天的我，没有因为不自信而放弃那场考试，无数次庆幸我选择了日语班。这样的选择让我拥有了太多不可思议的改变，甚至有些我都从未意识到，却已经悄悄发生了。它们潜移默化地影响着我，决定着我的每一步，成为帮助我走到现在的动力。

今天，我以育才为荣；明天，育才以我为傲！

“以育才为荣”似乎已经成了我身上永远不会消失的一部分，同样，“育才以我为傲”的梦想我大概也会孩子气地永远追逐下去吧！

姜声慧，2017年毕业于东北育才学校日语班，现就读于东京大学教育学部教育心理学专攻。喜欢的名言：“努力会说谎，但努力不会白费”「努力はウソをつく。でも無駄にはならない」。

／第四章／

分享优才教育辉煌

竞赛、高考、留学是助推育才学子走向拔尖的“三驾马车”，30年来，特长教育取得了辉煌的成绩，总体发展水平跃居基础教育的前列，以共享发展担当育才责任，引领国内基础教育发展，为国家拔尖创新人才的培养做出了应有的贡献。

/第一节/ 学科竞赛——摘金夺银

近年来，东北育才的学子在各级各类赛场上崭露头角，在国际舞台上叱咤风云。目前学校在国际中学生学科竞赛中已取得了17金、7银、6铜的骄人成绩。在全国中学生学科竞赛中，获得231枚奖牌，金牌总数达到67枚，2017、2018两年我校有5人进入奥林匹克国家集训队。无论在获优胜者的名次上，还是数量上，都在东北地区最好。由于在学科竞赛方面取得的突出成绩，先后被确定为“中国数学奥林匹克培训基地”“辽宁省中学物理教学基地”“全国计算机奥林匹克竞赛先进学校”。

刚刚过去的2018年，是育才学科竞赛硕果累累的一年。在第34届中国数学奥林匹克竞赛（暨冬令营）中育才获得1金6银的优异成绩，并包揽了辽宁省前7名。其中姜昕澎同学以辽宁省第一名成绩进入中国数学奥林匹克国家集训队，保送北大。

一、理科学科竞赛类

东北育才学校学科竞赛国际金牌榜（1994—2018）

序　号	姓　名	学　科	年份（赛事）	比赛地点
1	高光平	信息学	1994年（国际信息学奥赛）	瑞典
2	赵　鹏	信息学	1995年（国际信息学奥赛）	荷兰
3	王益进	信息学	1996年（国际信息学奥赛）	匈牙利
4	刘若川	数学	1999年（国际数学奥赛）	罗马尼亚
5	张　弛	物理	2000年（国际物理奥赛）	英国
6	瞿　枫	数学	2001年（国际数学奥赛）	美国
7	王博潼	数学	2002年（国际数学奥赛）	英国
8	俞　玮	信息学	2002年（国际信息学奥赛）	韩国
9	初　宁	物理	1998年 （杜尔马杯国际理科竞赛物理科）	俄罗斯
10	张　弛	物理	1999年（亚洲物理学奥赛）	印度尼西亚
11	李晓东	数学	2002年（全俄中学生数学奥赛）	俄罗斯
12	白天衣	数学	2009年（国际青少年数学邀请赛）	南非
13	张健夫	信息学	2010年（亚太地区信息学奥赛）	中国　北京
14	项思陶	信息学	2011年（亚太地区信息学奥赛）	中国　北京
15	樊泽文	信息学	2017年（亚太地区信息学奥赛）	中国　北京

2017年竞赛中特长教育获北大、清华等高校保送或降分资格同学

<table>
<tr><th>序号</th><th>姓名</th><th>学科</th><th>获奖情况</th><th>自主招生情况</th></tr>
<tr><td>1</td><td>寇一雯</td><td></td><td>金牌</td><td>北大一本线录取</td></tr>
<tr><td>2</td><td>何雨桐</td><td></td><td>金牌</td><td>北大一本线录取</td></tr>
<tr><td>3</td><td>王俊骁</td><td></td><td>铜牌</td><td>上海交大降分</td></tr>
<tr><td>4</td><td>邱梓航</td><td></td><td>省一等奖</td><td>清华大学降60分录取</td></tr>
<tr><td>5</td><td>刘立强</td><td></td><td>省一等奖</td><td>北京大学降30分录取</td></tr>
<tr><td>6</td><td>高宇辰</td><td rowspan="2">物理</td><td>金牌
入选国家集训队</td><td>保送北京大学</td></tr>
<tr><td>7</td><td>张海鹏</td><td>银牌</td><td>北京大学一本线录取</td></tr>
<tr><td>8</td><td>刘乃夫</td><td>化学</td><td>银牌</td><td>北京大学一本线录取</td></tr>
<tr><td>9</td><td>樊泽文</td><td rowspan="3">信息</td><td>银牌</td><td>清华大学一本线录取</td></tr>
<tr><td>10</td><td>李保霖</td><td>银牌</td><td>北京大学降60分、交大一本线</td></tr>
<tr><td>11</td><td>高杨宸严</td><td>银牌</td><td>清华大学一本线录取</td></tr>
</table>

二、英语竞赛类（初中学段）

2015年、2017年李婷婷老师两次率队代表东北赛区参加“外研社杯”英语综合技能大赛全国总决赛，分获全国第二名和第四名，并获得全国一等奖，林皖舒同学与潘帅霖同学分获最佳辩手奖。

2016—2018年，在“牛津杯”英语竞赛中，有61人次获一等奖，153人次获二等，493人次获三等奖。

在“21世纪杯”全国中小学生英语演讲比赛中，10人获一等奖，47人获

二等奖，38人获三等奖，阚云舒获得2017年全国季军。

第三届“未来之星”全国青少年英语口语大赛，有9人获得金奖，7人获得银奖，12人获得铜奖。

三、创新大赛开新路

高琛校长指出：“科技创新大赛是优才教育的重要组成部分，它为综合素质全面、具有创新潜能并且学有余力的学生搭建了一个拓展知识视野和发展个性特长的平台。在教育部关于保送的新政策出台之际，我校持续保持优异成绩，更彰显了东北育才立足学生发展、全面培育优才的办学理念，真正重在培养学生的创新精神和综合能力。”她鼓励我校师生不断挖掘自身潜能，热爱科学、研究科学、挑战巅峰，踊跃参与学科竞赛和创新大赛，继续谱写我校在拔尖创新人才培养道路上新的辉煌！

十余年来，我校在国家级青少年科技创新比赛中共获金、银牌60余枚。2007年，英语特长班学生朱天禹、王一洲、李晨参加全国青少年科技创新大赛获得一等奖和英才奖，并参加Intel国际科学与工程大奖赛，获得三等奖，后就读于清华大学、北京大学和多伦多大学。2010年，英语特长班学生王家懿等参加全国青少年科技创新大赛，获得金牌，并参加Intel国际科学与工程大奖赛获得银牌和小行星命名资格的极大荣誉。数学特长班学生张立嘉获得“明天小小科学家”一等奖，保送清华大学。2014年学校开始参加以创新思维著称的DI全球总决赛，屡次获得金奖；2018年，高中学生赴美参加FRC机器人大赛，夺取美国赛区冠军。

/第二节/

国内外高考——捷报频传

春种梦想，夏育成荫，秋实可掇。特长教育以一份份厚重的大学录取通知书，一个个闪光的名字，一串串喜人的数字，昭示着育才深厚的文化内涵和强大的办学实力。2010—2019百余人考入清华北大，在高分段人数、平均分、600分以上学生占比等主要评价指标上均在省内遥遥领先。国外高考以2018年为例，1人考入耶鲁大学，1人考入斯坦福大学，11人考入剑桥牛津；东京大学共录取海外留学生25人，其中东北育才学校14人，超过国内所有其他学校和其他国家考取东京大学学生人数的总和；另有近百人被美国加州大学伯克利分校、欧洲商学院、法国INSA工程师学校、日本京都大学等国际名校录取。

附表格（部分同学的升学情况统计）

一、数学特长班写佳绩

数学特长班2016届国内外高考情况统计

孙**	清华大学	段**	南京大学
夏**	清华大学	张**	南京航空航天大学
邓**	清华大学	马**	南京理工大学
李**	清华大学	徐**	上海财经大学
关**	北京大学	赵**	上海交通大学

续表

庞**	北京大学	刘**	上海交通大学
梁**	北京大学	濮**	上海交通大学
宋**	北京大学	王**	上海交通大学
王**	北京大学（医学部）	孟**	沈阳农业大学
孙**	中国科学院大学	陈**	天津大学
胡**	北京航空航天大学	林**	天津大学
王**	北京航空航天大学	王**	浙江大学
黄**	北京师范大学	赵**	浙江大学
徐**	北京语言大学	卢**	中国科学技术大学
雷**	东北财经大学	刘**	中国科学技术大学
马**	东北大学	潘**	中国科学技术大学
李**	东北大学	王**	中山大学
于**	东北大学	张**	华南理工
曲**	东南大学	刘**	达特茅斯学院（美国常青藤大学联盟）
燕泉**	帝国理工大学	赵**	华盛顿西雅图大学
何**	剑桥大学	刘**	伦斯勒大学
卢**	剑桥大学		

二、外语特长班创新篇

英语特长班2016届国内外高考情况统计

唐**	清华大学	肖**	吉林大学
王**	香港科技大学	宋**	兰州大学

续表

刘**	香港理工大学	黄**	辽宁大学
吕**	香港中文大学（深圳）	周**	南开大学
孙**	香港中文大学（深圳）	张**	南开大学
曲**	北京理工大学	周**	南开大学
宋**	北京理工大学	刘**	上海交通大学
刘**	北京理工大学	姚**	上海交通大学
何**	大连理工大学	窦**	上海科技大学
刘**	东南大学	刘**	四川大学
尤**	对外经济贸易大学	史**	浙江大学
王**	复旦大学	韩**	浙江大学
王**	哈尔滨工程大学	聂**	浙江大学
张**	华北电力大学（北京）	徐**	中国医科大学
张**	华中科技大学	赵**	中国医科大学
付**	法国格勒诺布尔一大	李**	中山大学
赵**	法国高等经济商业学院	李**	美国埃默里大学牛津分校
钟**	法国巴黎政治学院	蒋**	美国南加州大学
邱**	美国斯坦福大学	陈**	美国科尔比学院
王**	美国加州大学伯克利分校	路**	悉尼大学
刘**	美国范德堡大学		

日语特长班2017届国外高考情况统计

王**	东京大学	马**	京都大学
曹**	东京大学	连**	京都大学
姜**	东京大学	李**	京都大学

续表

于**	东京大学	邢**	京都大学
王**	东京大学	李**	大阪大学
曲**	东京大学	郑**	名古屋大学
韩**	东京大学	田**	九州大学
郝**	一桥大学	杜**	北海道大学
周**	庆应大学	杨**	埼玉大学
柴**	三重大学	王**	东京大学
李**	伊利诺伊大学香槟分校	张**	英属哥伦比亚大学
崔**	巴黎政治学院	金**	加州大学伯克利分校
李**	加州大学圣地亚哥分校	赵**	加州大学洛杉矶分校

所有的辉煌，皆为过往，所有的过往，皆为序章。

2019年是不平凡的一年，恰逢祖国70华诞。每一个育才人都不会忘记那首激动人心的校歌：

与共和国一起诞生，一起沧桑，一起辉煌。
东北育才优才的摇篮，育人的熔炉，科学的殿堂。
学会关心，学会创造，全面发展，初露才华。
育才学子要做中华脊梁。
创造一流，走向世界，我们是祖国未来的希望。

与共和国一起诞生的东北育才学校与祖国同呼吸、共命运，唱响“我和我的祖国一刻也不能分割”的拳拳报国深情。走过风雨三十年的特长教育，将继续高举“优才教育”的旗帜，助力中华民族伟大复兴梦。追求卓越，我们一直在路上！